D. Martyn Lloyd-Jones

# Schritt für Schritt

## Raus aus der Resignation

3L Verlag

Mit freundlicher Unterstützung von:
Peter Allmand-Smith,
Chelford House Christian Fellowship Trust

IMPRESSUM


D-65529 Waldems
ISBN-978-3-935188-53-1

Umschlag: Hans Peter Theilig
Korrektur: Manfred Schwierk
Satz: an:huth werbeagentur
Druck: CPI Moravia Druck

Die englische Originalausgabe erschien unter dem Titel:
**Faith on trial**

# Inhaltsverzeichnis

# Vorwort des deutschen Herausgebers

Für die deutsche Übersetzung wurde in der Regel der revidierte Text der Schlachterbibel zugrunde gelegt. An den Stellen, wo es nicht möglich war, die *King James Version (Authorized Version)*, die Dr. Lloyd-Jones meistens benutzte, durch diese Übersetzung wiederzugeben, wurden um der besseren Übereinstimmung mit dem englischen Original willen auch andere Bibelübersetzungen herangezogen.

Außerdem möchten wir darauf hinweisen, dass in diesem Buch das englische Wort „church" in der Regel mit „Kirche" wiedergegeben wird. Andere Übersetzungsmöglichkeiten wären „Versammlung" (vgl. die Elberfelder Bibel bis zur Revision 1975) oder „Gemeinde" (vgl. die meisten modernen Bibelübersetzungen). Das Wort „Kirche" leitet sich ab von dem griechischen Wort *kyriakos*, „zum Herrn gehörig", und ist als Begriff die Übersetzung für *ekklēsia* „die Herausgerufene".

# Biografie

„Der Doktor", wie ihn zahllose Christen aus aller Herren Länder freundschaftlich nannten, wurde am 20. Dezember 1899 im walisischen Cardiff geboren. Die Auswirkungen der großen Erweckung von 1904 prägten ihn schon in der Kindheit, und sehr früh beschäftigte er sich mit dem Gedanken an den Predigtdienst. Doch zog es ihn mit aller Macht zur Medizin, und er promovierte 1923 in diesem Fach. Bald schon machte er sich einen Namen als Herzspezialist und Diagnostiker.

Da rief ihn Gott in den vollzeitlichen Dienst. Doch alles, was Martyn Lloyd-Jones tat, so erzählt er selbst, war, sich gegen diesen Ruf zu wehren. Konnte er nicht als Arzt weitermachen und nur gelegentlich predigen? Aber schließlich erkannte er, dass er dazu berufen war, Prediger zu werden, der sich nur noch gelegentlich als Arzt betätigte.

Weil er sich besonders zu den Benachteiligten hingezogen fühlte, nahm er eine Predigerstelle in Port Talbot, Südwales, an, wo sein Dienst unter Dockern, Stahlarbeitern und Bergleuten Aufsehen erregte. Man sprach von einer kleinen Erweckung. 1928 bestieg er auf Einladung von Dr. Campbell Morgan, einem der bedeutendsten Verkündiger Englands im letzten Jahrhundert, zum ersten Male die Kanzel der berühmten Londoner *Westminster Chapel*, wo er kaum sechs Wochen später überraschend zum zweiten Prediger berufen wurde. Als Dr. Campbell Morgan 1943 in den Ruhestand trat, übernahm er ganz dessen Stelle.

Die Gemeinde wuchs erstaunlich. Am Ende des Zweiten Weltkrieges zählte man regelmäßig zwischen 1500 und 2000 Besucher und es konnte durchaus vorkommen, dass sich die Zuhörer noch auf der Treppe der zweiten Empore drängten. Wer Lloyd-Jones predigen hörte, dem wird er unvergesslich bleiben. Er besaß die Gabe, das Wort Gottes in einzigartiger Weise lebendig werden zu lassen. Weil er von der Wichtigkeit einer jeden Wendung im biblischen Text überzeugt war, ließ er kein noch so gering erscheinendes Detail außer Acht. Er konnte endlos schöpfen aus dieser ewigen Quelle.

So brachte er es beispielsweise fertig, allein über den Epheserbrief acht Jahre lang, von 1954 bis 1962, zu predigen, Sonntag für Sonntag! Darüber hinaus hat er der Christenheit umfassende Auslegungen des Römerbriefes und der Bergpredigt geschenkt. Nach einem vollen, reichen Leben starb Dr. David Martyn Lloyd-Jones am 1. März 1981 im Alter von 81 Jahren.

# Vorwort

Der 73. Psalm befasst sich mit einem Problem, das schon oft das Volk Gottes verwirrt und auch entmutigt hat. Es ist ein zweifaches Problem: Warum müssen die Frommen oft leiden, vor allem in Anbetracht der Tatsache, dass die Gottlosen häufig so erfolgreich zu sein scheinen?

Dieser Psalm ist in der Art und Weise eine klassische Darlegung, wie die Bibel mit diesem Problem umgeht. Der Psalmist berichtet von seinen eigenen Erfahrungen, legt vor unseren Augen seinen Seelenzustand auf höchst dramatische Weise bloß und führt uns Schritt für Schritt aus tiefster Verzweiflung zu Triumph und Vertrauen am Ende. Gleichzeitig ist der 73. Psalm eine Erklärung der Allmacht, Weisheit, Barmherzigkeit und Güte Gottes angesichts alles Bösen und Übels, das er in dieser Welt geschehen lässt. Daher ist dieser Psalm schon immer für Prediger, geistliche Leiter und Seelsorger besonders ansprechend gewesen.

Die Vorbereitung und Verkündigung der folgenden Predigten, in denen ich Sonntag für Sonntag diese reichhaltigen Lehren darlegte, war für mich eine Arbeit der Liebe und eine wahre Freude. Die Predigt in dieser Reihe unter dem Titel „Dennoch" wurde von Gott dazu gebraucht, einem Mann, der sich in großen Seelenqualen befand und kurz davorstand, zusammenzubrechen, unmittelbare Erleichterung und große Freude zu schenken. Dieser Mann war fast 10.000 Kilometer gereist und hatte London gerade erst am Tag zuvor erreicht. Er war der Überzeugung – und ist es noch –, dass ihn Gott in seiner unendlichen Gnade diese Strecke zurücklegen ließ, um gerade diese Predigt zu hören.

Mögen diese und alle anderen Predigten sich als eine „Tür der Hoffnung" für viele andere erweisen, die fast mit ihren Füßen gestrauchelt sind und beinahe einen Fehltritt getan hätten.

D.M. Lloyd-Jones

Westminster Chapel
Mai 1965

# Psalm 73

*„Ein Psalm Asaphs. Nur gut ist Gott gegen Israel, gegen die, welche reinen Herzens sind. Ich aber – fast wäre ich gestrauchelt mit meinen Füßen, wie leicht hätte ich einen Fehltritt getan! Denn ich beneidete die Übermütigen, als ich das Wohlergehen der Gottlosen sah. Denn sie leiden keine Qual bis zu ihrem Tod, und ihr Leib ist wohlgenährt. Sie leben nicht in der Not der Sterblichen und sind nicht geplagt wie andere Menschen. Darum ist Hochmut ihr Halsschmuck, und Gewalttat ist das Gewand, das sie umhüllt. Ihr Gesicht strotzt von Fett; sie bilden sich sehr viel ein. Sie höhnen und reden boshaft von Bedrückung, hochfahrend reden sie. Sie reden, als käme es vom Himmel; was sie sagen, muss gelten auf Erden. Darum wendet sich auch sein Volk ihnen zu, und es wird von ihnen viel Wasser aufgesogen. Und sie sagen: ‚Wie sollte Gott es wissen? Hat denn der Höchste Kenntnis davon?' Siehe, das sind die Gottlosen; denen geht es immer gut, und sie werden reich! Ganz umsonst habe ich mein Herz rein erhalten und meine Hände in Unschuld gewaschen; denn ich bin doch den ganzen Tag geplagt worden, und meine Züchtigung war jeden Morgen da! Wenn ich gesagt hätte: ‚Ich will ebenso reden!' – siehe, so hätte ich treulos gehandelt am Geschlecht deiner Söhne. So sann ich denn nach, um dies zu verstehen; aber es war vergebliche Mühe in meinen Augen – bis ich in das Heiligtum Gottes ging und auf ihr Ende achtgab. Fürwahr, du stellst sie auf schlüpfrigen Boden; du lässt sie fallen, dass sie in Trümmer sinken. Wie sind sie so plötzlich verwüstet worden! Sie sind untergegangen und haben ein Ende mit Schrecken genommen. Wie man einen Traum nach dem Erwachen verschmäht, so wirst du, o Herr, wenn du dich aufmachst, ihr Bild verschmähen. Als mein*

*Herz verbittert war und ich in meinen Nieren das Stechen fühlte, da war ich töricht und verstand nichts; ich verhielt mich wie ein Vieh gegen dich. Und dennoch bleibe ich stets bei dir; du hältst mich bei meiner rechten Hand. Du leitest mich nach deinem Rat und nimmst mich danach in Herrlichkeit auf! Wen habe ich im Himmel [außer dir]? Und neben dir begehre ich nichts auf Erden! Wenn mir auch Leib und Seele vergehen, so bleibt doch Gott ewiglich meines Herzens Fels und mein Teil. Denn siehe, die fern von dir sind, gehen ins Verderben; du vertilgst alle, die dir hurerisch die Treue brechen. Mir aber ist die Nähe Gottes köstlich; ich habe GOTT, den Herrn, zu meiner Zuflucht gemacht, um alle deine Werke zu verkünden."*

# 1.

# Das Problem

***„Nur gut ist Gott gegen Israel, gegen die, welche reinen Herzens sind. Ich aber – fast wäre ich gestrauchelt mit meinen Füßen, wie leicht hätte ich einen Fehltritt getan!"***

(Psalm 73,1-2)

Zu allen Zeiten war das Buch der Psalmen für das Volk Gottes von ganz besonderem Wert. In den Erfahrungsberichten aus dem Glaubensleben und -kampf gottesfürchtiger Männer fand es den Trost und die Wegweisung, die es brauchte und nirgendwo sonst finden konnte. Vielleicht ist das einer der Gründe – wenn es erlaubt ist, über solche Dinge zu spekulieren –, weshalb der Heilige Geist die Kirchenväter dazu veranlasste, die Schriften des Alten Testamentes in den Kanon aufzunehmen. Von der ersten bis zur letzten Seite ist die Bibel ein Bericht über das Handeln Gottes mit und an seinem Volk. Dieser Gott ist derselbe, im Alten wie im Neuen Testament; und so wie wir heute, so waren auch die Heiligen des Alten Testaments Bürger des himmlischen Königreichs. Wir Christen des neuen Bundes sind aufgenommen worden in ein Reich, in dem sich bereits Menschen wie Abraham, Isaak und Jakob befinden. Denn das war die Verheißung, die den Aposteln geoffenbart wurde: dass Nichtjuden gemeinsam mit Juden zu Erben und Bürgern dieses Königreiches werden sollten.

Deshalb dürfen wir die Erfahrungen dieser Menschen ohne Weiteres unseren eigenen gleichsetzen. Die Tatsache, dass sie unter dem alten Bund lebten, ändert daran nichts. Es stimmt etwas nicht mit einer Christenheit, die das Alte Testament nicht mehr beachtet oder sich gar einbildet, sie unterscheide sich grundsätzlich von dessen Heiligen. Wer das meint, den möchte ich auffordern, das Buch der Psalmen zu lesen und sich dabei zu fragen, ob er ehrlichen Herzens und aufgrund eigener Erfahrungen mit dem Psalmisten sagen kann: *„Wenn auch mein Vater und meine Mutter mich verlassen, so nimmt doch der HERR mich auf"* (Ps 27,10)? Kann er sagen: *„Wie ein Hirsch lechzt nach Wasserbächen, so lechzt meine Seele, o Gott, nach dir"* (Ps 42,2)? Wer die Psalmen aufmerksam liest, wird mir darin zustimmen, dass ihre Verfasser Kinder Gottes waren, die über einen reichen Schatz geistlicher Erfahrungen verfügten. Deshalb greifen Männer und Frauen seit den Anfängen der christlichen Kirche immer wieder zu diesem Buch, um in ihm Erleuchtung und Wegweisung zu finden.

Der besondere Wert der Psalmen liegt darin, dass ihre Glaubensaussagen vornehmlich in Erlebnisberichte gekleidet sind. Im Neuen Testament geht es um die gleichen Inhalte, doch dort werden sie häufig in lehrhafter Form übermittelt. Die Psalmen hingegen sprechen eine persönliche, praktische Sprache. Das wissen wir alle zu schätzen. Wir alle kennen Zeiten, in denen die Seele müde ist, in denen wir uns unfähig fühlen, Belehrungen anzunehmen: Wir sind so ausgelaugt, unser Geist ist so müde und unser Herz unter Umständen so verletzt, dass wir nicht mehr die Kraft aufbringen, uns mit Prinzipien abzugeben und die Dinge objektiv zu betrachten. In solchen Zeiten greifen die Menschen, die sich vom Leben grausam behandelt fühlen – die zerbrochen und geschlagen sind von den Stürmen des Daseins –, zu den Psalmen. Dort lesen sie, wie es den Heiligen damals erging, und sie entdecken, dass die Menschen damals ganz ähnliche Erfahrungen machten wie sie heute. Das hilft ihnen bereits und stärkt sie. Sie spüren, sie sind nicht allein; ihre Erlebnisse sind gar nicht so ungewöhnlich. Und sie beginnen die Wahrheit der Worte zu begreifen, die Paulus so tröstlich an die Korinther schreibt: *„Es hat euch bisher nur menschliche Versuchung betroffen"* (1.Kor 10,13). Das genügt schon, um ihnen neuen Mut zu geben und ihrem Glauben wieder aufzuhelfen. Darum ist das Buch der Psalmen von unschätzbarem Wert.

Allerdings verfügt es auch über Besonderheiten, die uns im ersten Moment abstoßen könnten. Zum Beispiel die rückhaltlose Offenheit, mit der die Psalmisten die Wahrheit über sich selbst sagen. Unser 73. Psalm ist dafür ein klassisches Beispiel. Ohne alle Umschweife gibt sein Verfasser zu, dass er fast gestrauchelt wäre. Er geht sogar so weit, zu bekennen, dass er wie ein Tier vor Gott gewesen sei, töricht und unwissend. Was für eine Aufrichtigkeit! Genau das macht die Psalmen so wertvoll. Denn nichts ist für das Glaubensleben entmutigender als die Begegnung mit Menschen, die so tun, als wandelten sie ständig nur auf lichten Höhen. Die Bibel jedenfalls stellt es nicht so dar. Sie berichtet uns stattdessen von Menschen, die sehr wohl wussten, was es heißt, niedergeschlagen und in großer Not zu sein. Und für diese Ehrlichkeit hat schon mancher Heilige Gott gedankt. Die Psalmisten verkünden eben keine Ideallehre, die mit dem wirklichen Leben nichts zu tun hat. Lehren, die Vollkommenheit predigen, stimmen nie. Und sie entsprechen auch nicht den Alltagserfahrungen derer, die sie verkünden; sind sie doch, wie wir wissen, ebenso fehlbare Geschöpfe wie wir. In der Theorie mögen ihre Lehren zwar logisch klingen, aber ihr Leben spricht eine andere Sprache. Gott sei Dank, dass die Psalmisten da anders sind! Sie berichten uns die ungeschminkte Wahrheit sowohl über sich selbst als auch über das, was ihnen widerfuhr.

Dabei geht es ihnen nicht darum, sich vor uns zur Schau zu stellen. Das Bekennen von Sünde kann nämlich auch eine Art von Exhibitionismus sein, und darin liegt eine versteckte Gefahr. Es gibt Menschen, die mit größter Bereitwilligkeit ihre Schuld bekennen, wenn sie dabei nur über sich selbst reden können. Der Psalmist verhält sich jedoch anders; er sagt die Wahrheit über sich selbst, weil er Gott verherrlichen möchte. Das ist der Grund seiner Ehrlichkeit: Er möchte den Unterschied zwischen Gott und sich selbst aufzeigen und so die Ehre Gottes mehren.

Schon im ersten Vers unseres Psalms wird das deutlich: *„Nur gut ist Gott gegen Israel, gegen die, welche reinen Herzens sind."* Mit diesem triumphierenden Ton beginnt er, so als wollte er sagen: „Ich möchte euch eine Geschichte erzählen; ich werde euch berichten, was mir geschehen ist; und dabei möchte ich euch eines besonders ans Herz legen – die Güte Gottes." Das wird noch deutlicher, wenn man eine andere Übersetzung hinzunimmt: *„Lauter Güte ist Gott gegen Israel, gegen die, die reinen Herzens sind"* (ZÜ[1]). Gott ändert sich nie. Das gilt ohne alle Einschränkungen, ohne alle Vorbedingungen. „So lautet meine Aussage", sagt der Psalmist, „Gott ist immer gut zu Israel." Die meisten Psalmen beginnen mit solch überschwänglichem Dank.

1 *Zürcher Bibel 2007* (Abk: ZÜ), Genossenschaft Verlag der Zürcher Bibel beim Theologischen Verlag Zürich, 2007.

Und noch eines kann man – wie schon von vielen festgestellt – beobachten. Die Psalmen beginnen gewöhnlich mit einer Schlussfolgerung. Das klingt vielleicht paradox, doch es stimmt. Der Psalmist hat eine Erfahrung gemacht. Er hat sie bis zum Ende durchgestanden und ist nun an diesem Schlusspunkt angelangt. Und dass er überhaupt da angelangt ist, das ist das Große für ihn. Deshalb beginnt er mit dem Ende und berichtet erst dann, wie er dorthin gekommen ist. Das ist eine gute Methode, andere zu lehren, der wir überall in den Psalmen begegnen. Denn der Wert einer Erfahrung liegt immer darin, dass sie uns gleichzeitig eine bestimmte Wahrheit deutlich machen will. Für sich genommen ist die Erfahrung belanglos und auch für den Psalmisten uninteressant. Aber, und darin liegt ihr Wert, sie ist die Illustration jener großen Erkenntnis über Gott.

Es ist von großer Bedeutung, dass wir diesen wichtigen Punkt in diesem Psalm erkennen, nämlich dass Gott immer gut zu seinem Volk ist, zu solchen, die reinen Herzens sind. Das ist die Aussage. Aber mehr noch als dies wird uns bei der näheren Beschäftigung mit unserem Psalm jedoch die Methode, die Art und Weise interessieren, auf die der Mann zu seiner Schlussfolgerung kommt. Sein Bericht könnte etwa folgendermaßen zusammengefasst werden: Am Beginn seiner Glaubenserfahrungen stand jene Aussage; doch dann ging er in die Irre und fand erst nach mancher Schwierigkeit zurück. Wir alle wissen um solche Erlebnisse in unserem eigenen Leben. Wir beginnen an der richtigen Stelle, dann läuft etwas verkehrt, und es scheint, als würden wir alles verlieren. Wie können wir zurückkehren? Darauf gibt uns der Psalmist eine Antwort. Er zeigt uns, wie wir wieder dorthin gelangen können, wo die Seele wahren Frieden findet.

Der 73. Psalm ist eine einzige Illustration. Sie werden andere Psalmen finden, bei denen es genauso ist. Nehmen wir zum Beispiel Psalm 43. Sein Verfasser befindet sich in einer ähnlichen Lage wie unser Psalmist. Er spricht mit sich selbst, er fragt seine Seele: *„Was betrübst du dich, meine Seele, und bist so unruhig in mir?"* – Genau das Gleiche tut der Beter von Psalm 73, nur ist seine Schilderung ausführlicher und eindrucksvoller. Er berichtet von einer bestimmten Erfahrung, die er gemacht hat. Er erzählt uns, dass er sehr erschüttert worden sei und fast gefallen wäre. Wie kam es dazu? Unser Psalmist verstand die Wege nicht mehr, die Gott ihn gehen ließ. Es war ihm schmerzhaft bewusst geworden: Hier stand er, der ein gottesfürchtiges Leben führte; er hielt sein Herz rein und wusch seine Hände in Unschuld. Er mied die Sünde;

er sann nach über die Dinge Gottes; seine Zeit verbrachte er im Gebet; er prüfte sich selbst; er ließ sein Leben vor seinen Augen vorbeiziehen, und sobald er eine Sünde entdeckte, bekannte er sie voller Reue und suchte Gottes Vergebung und Erneuerung. Er führte ein Leben, das Gottes Wohlgefallen finden musste. Er hielt sich fern von der Welt und ihren verderblichen Einflüssen; er löste sich von bösen Wegen. Und obgleich er all dies tat, musste er sich mit großen Schwierigkeiten auseinandersetzen: „*... denn ich bin doch den ganzen Tag geplagt worden, und meine Züchtigung war jeden Morgen da!*" Er machte eine schwere Zeit durch. Was genau ihm widerfuhr, erzählt er uns nicht. Vielleicht Schmerzen, eine Krankheit oder Probleme in seiner Familie. Was es auch immer gewesen sein mag, es war schmerzhaft und leidvoll. Er wurde erprobt und war wirklich leidgeprüft. Tatsächlich schien alles völlig falsch zu laufen und nichts schien sich richtig zu entwickeln.

Das alles war an sich schon schlimm genug, aber es war nicht das, was ihn wirklich quälte und bekümmerte. So richtig problematisch wurde es für ihn erst, als er die Gottlosen beobachtete und dabei etwas Auffälliges wahrnahm. „Uns allen", so sagt er, „sind diese Menschen als gottlos bekannt – es ist für jeden offenkundig, dass sie gottlos sind. Dennoch geht es ihnen gut in dieser Welt, sie werden immer reicher, bei ihrem Tod leiden sie keine Qualen, ihr Leib ist wohlgenährt, und sie sind nicht geplagt wie sonst die Leute." Er beschreibt sie in all ihrer Arroganz, ihrer Falschheit und ihrer Gotteslästerlichkeit. In der ganzen Weltliteratur gibt es keine gelungenere Beschreibung des sogenannten erfolgreichen Mannes von Welt als in diesem Psalm. Selbst seine Haltung beschreibt der Psalmist, seine arrogante Erscheinung: wie sein Auge aus dem Fett heraustritt und der Hochmut ihn wie ein Halsgeschmeide umgibt (Elb 06[2]). „*Gewalttat ist das Gewand, das sie umhüllt*", sagt er, „*sie haben mehr, als das Herz sich wünschen könnte*" (KJV[3]), „*hochfahrend reden sie*" – wer könnte das besser ausdrücken!

Und diese Beschreibung trifft nicht nur auf Menschen zu, die zur Zeit des Psalmisten lebten, man begegnet diesem Typ auch heute noch. Sie führen blasphemische Reden. Sie sagen: „*Wie sollte Gott es wissen? Hat denn der Höchste Kenntnis davon?*" „Du redest von deinem Gott", sagen sie. „Wir glauben nicht an ihn; doch sieh uns an. Bei uns läuft alles bestens. Und was ist mit dir? Sieh nur, was dir alles passiert, obwohl du gottesfürchtig lebst!" Das war es, was dem Mann große Not bereitete.

2 *Elberfelder Bibel 2006* (Abk.: Elb 06), R. Brockhaus Verlag, Wuppertal 1985/1991/2006.

3 *King James Version – Authorized Version* (Abk.: KJV).

Er hatte geglaubt, Gott sei heilig, gerecht und wahrhaftig; er sei der Eine, der seinen Kindern zu Hilfe kommt und sie mit liebevoller Fürsorge und herrlichen Verheißungen umgibt. Wie sollte er das nun mit dem, was ihm widerfuhr, und, viel schlimmer noch, mit dem Wohlergehen der Gottlosen vereinbaren?

Dieser Psalm ist eine klassische Darlegung dieses Problems – Gottes Wege in Hinblick auf den Menschen und besonders Gottes Wege mit seinem Volk. Das war es, was diesen Psalmisten verwirrte, als er sein eigenes Ergehen mit dem der Gottlosen verglich. Und er berichtet uns von seiner Reaktion auf das alles.

Für den Augenblick wollen wir uns damit begnügen, aus dem bisher Gesagten einige zwar allgemeine aber doch sehr wichtige Lehren zu ziehen. Als Erstes müssen wir feststellen, dass es keineswegs verwunderlich ist, wenn man sich in einer Situation, wie sie der Psalmist durchlebt, verunsichert fühlt. Ganz im Gegenteil! Wir haben es ja mit den Wegen des allmächtigen Gottes zu tun, und dieser sagt uns in seinem Wort immer wieder: *„Denn meine Gedanken sind nicht eure Gedanken, und eure Wege sind nicht meine Wege, spricht der HERR"* (Jes 55,8). Wenn wir Schwierigkeiten haben, dann liegt das zum großen Teil an unserer Unfähigkeit, dies zu erkennen. Viele von uns geraten nur deshalb in Not, weil sie vergessen, dass sie es mit der Denkweise Gottes zu tun haben und dass Gottes Denkweise mit der unsrigen nicht zu vergleichen ist. Wir haben immer gern alles schön geordnet und einfach und meinen, Schwierigkeiten dürfe es für uns nicht geben. Doch die Bibel lässt nicht den geringsten Zweifel darüber aufkommen, dass es so problemlos in unserem Verhältnis zu Gott niemals sein wird. Seine Wege sind unerforschlich. Sein Verstand ist unendlich und ewig, und seine Ziele sind so groß, dass unser sündiger Verstand sie gar nicht begreifen kann. Wenn sich dieser Gott mit uns einlässt, werden darum immer wieder Dinge geschehen, die uns verunsichern. Darüber sollten wir uns nicht wundern.

Wir denken gern, Gott müsse seine Kinder ständig segnen; gezüchtigt werden dürften sie nicht. Wie oft haben wir das gemeint, besonders während des Krieges! Warum lässt Gott es zu, dass gewisse Formen der Tyrannei fortbestehen, besonders solche, die von Grund auf gottlos sind? Warum löscht er sie nicht alle aus und überschüttet stattdessen sein Volk mit Wohltaten? Das ist unsere Art zu denken. Doch sie beruht auf einem Trugschluss. Gottes Verstand ist ewig, und sein Denken ist dem unsern so unendlich überlegen, dass wir stets darauf gefasst sein müssen, nichts von dem, was er tut, sofort zu verstehen. Wenn wir uns mit der Denkweise Gottes beschäftigen, werden wir zu manchen Zeiten eher noch den Eindruck gewinnen – und das sollte uns nicht überraschen –, als geschähe das genaue Gegenteil von dem, was wir für richtig halten.

Etwas Zweites müssen wir festhalten: In einer solchen Situation verunsichert zu sein, ist nicht nur nichts Ungewöhnliches; es ist – und das möchte ich betonen – ebensowenig etwas Sündhaftes. Auch darin liegt ein großer Trost. Es gibt Menschen, die erwecken den Eindruck, als seien Gottes Wege für sie immer klar und eindeutig; jedenfalls scheint es so, wenn man sie reden hört; der Himmel über ihnen ist beständig blau, und sie selbst sind immerzu vollkommen glücklich. Den Apostel Paulus haben sie damit allerdings weit hinter sich gelassen. Dieser berichtet uns nämlich in 2.Korinther 4,8, dass er selbst *„ratlos, aber nicht verzweifelt“* (ZÜ) war. O ja, es ist verkehrt, in einen Zustand der Verzweiflung zu verfallen; aber es ist nicht verkehrt, ratlos zu sein. Darüber wollen wir keinen Zweifel aufkommen lassen. Wenn Sie wegen irgendeines Ereignisses, das Ihnen gerade widerfährt, ratlos sind, so bedeutet das noch nicht, dass Sie sich einer Sünde schuldig gemacht haben. Sie sind in Gottes Hand. Trotzdem kann Ihnen Unerfreuliches widerfahren, und Sie sagen: „Ich verstehe das nicht!“; doch daran ist nichts Falsches – *„ratlos, aber nicht verzweifelt“*. Ratlosigkeit an sich ist keine Sünde, denn unser Verstand ist nicht nur begrenzt, er ist auch von der Sünde geschwächt. Wir sehen nicht alles deutlich genug; wir wissen nicht, was das Beste für uns ist; wir können nicht weit genug vorausschauen; es ist darum nur natürlich, dass wir ratlos sind.

Doch eines müssen wir sofort hinzufügen: Auch wenn die Ratlosigkeit an sich noch nichts Sündiges ist, sie öffnet stets der Versuchung die Tür. Das ist die eigentliche Botschaft dieses Psalms: Bis zu einem gewissen Punkt ist alles in Ordnung; doch sobald wir in den Zustand der Ratlosigkeit verfallen und darin nur einen kleinen Moment verharren, steht auch schon die Versuchung vor der Tür. Sie ist bereit, bei uns einzutreten, und bevor wir merken, was geschieht, ist sie auch schon drinnen. Genau das ist dem Psalmisten widerfahren.

Damit sind wir bei dem, was er uns über das Wesen der Versuchung sagt und darüber, wie wichtig es ist, sich ihrer Eigenarten bewusst zu werden. Die Versuchung kann so mächtig sein, dass sie selbst den stärksten Heiligen nicht nur erschüttert, sondern in die Knie zwingt. *„Ich aber“*, sagt dieser Gottesmann, *„fast wäre ich gestrauchelt mit meinen Füßen; wie leicht hätte ich einen Fehltritt getan!“*

„Aber das war im Alten Testament", werden einige einwenden, „damals war der Heilige Geist noch nicht gekommen. Wir heute sind Christen, was für diesen Heiligen Gottes noch nicht galt." Nun, ich kann es auch mit den Worten des Apostel Paulus sagen: *„Darum, wer meint, er stehe, der sehe zu, dass er nicht falle!"* (1.Kor 10,12). Paulus erklärt den Korinthern hier, wie sich ein Christ zu verhalten hat. Dazu greift er auf alttestamentliche Beispiele zurück; und für den Fall, dass einige der sich so überlegen dünkenden Korinther einwenden: „Wir haben den Heiligen Geist empfangen, wir sind anders", sagt er: *„Darum, wer meint, er stehe, der sehe zu, dass er nicht falle!"* Denn der Mensch, der die Macht der Versuchung noch nicht kennengelernt hat, ist in Glaubensdingen ein blutiger Anfänger. Nicht alle Versuchungen sind gleich stark, nicht alle sind leicht erkennbar. Doch die Bibel sagt, dass sie gerade den Glaubensstärksten zuweilen wie ein wahrer Wirbelsturm überfallen, der alles niedermäht, was ihm im Wege steht. Ihre Macht ist so ungeheuerlich, dass selbst ein Mann Gottes beinahe von ihr überwältigt wird. Noch einmal möchte ich den Apostel Paulus zitieren: *„Zieht die ganze Waffenrüstung Gottes an."* Das ist es, was wir brauchen. Wer in bösen Tagen standhaft bleiben will, der muss von Kopf bis Fuß die Waffenrüstung Gottes angelegt haben. Die Macht unseres Widersachers ist die größte nächst der Macht Gottes. Er ist mächtiger, als je ein Mensch auf dieser Erde gewesen ist; selbst die Heiligen des Alten Testamentes hat er zu Boden gezwungen. Den Herrn Jesus Christus versuchte er bis zum Äußersten. Doch unser Herr widerstand ihm. Er ist freilich der Einzige unter allen von einer Frau Geborenen, dem dies gelang. Lesen wir den 73. Psalm noch einmal. Wir werden entdecken, dass sein Verfasser von der Versuchung überrascht wurde, als er am wenigsten damit rechnete. Ihren Eingang fand sie durch die Tür, die zum einen durch die Not geöffnet worden war, die er durchlitt, und zum andern dadurch, dass zwischen dieser Not und dem erfolgreichen, scheinbar so glücklichen Leben der Gottlosen eine so große Kluft lag.

Der nächste Aspekt der Versuchung, den es zu beachten gilt, ist ihre blindmachende Wirkung. Das Befremdlichste an der Versuchung ist, dass sie uns dazu bringt, Dinge zu tun, die wir unter normalen Umständen niemals tun würden. Der Psalmist formuliert das folgendermaßen (beachten wir, wie er sich mit seiner Wortwahl beinahe selbst verspottet; siehe Vers 3): *„Denn ich beneidete die Übermütigen."* Er beneidete die Arroganten. „Weißt du", so scheint er zu sagen, „ich getraue mich kaum, es niederzuschreiben, so sehr schäme ich mich darüber. Aber ich muss gestehen, dass es einen Augenblick gab, in dem ich, der ich so von Gott gesegnet bin, neidisch war auf diese Gottlosen." Das lässt sich nur mit der blindmachenden Wirkung der Versuchung erklären. Sie kommt mit solcher Kraft über uns, dass wir aus dem Gleichgewicht gebracht werden und nicht mehr in der Lage sind, klar zu denken.

Darum ist es für unseren Glaubenskampf höchst wichtig, zu erkennen, was für einer Macht wir gegenüberstehen und wie wenig wir es uns leisten können, auch nur einen Augenblick unachtsam zu sein. Denn diese Macht lässt uns nur noch das sehen, was sie will; alles andere versinkt daneben. Das ist die blindmachende Wirkung der Versuchung!

Wir dürfen nicht vergessen, wie raffiniert Satan ist. Er kommt scheinbar als Freund. So war er wohl auch dem Psalmisten begegnet. Er sagte: „Meinst du nicht, dass du dein Herz umsonst rein erhalten und deine Hände umsonst in Unschuld gewaschen hast? Genau das scheinst du zu tun", sagt der Teufel. „Du verbringst deine ganze Zeit in Selbstverleugnung und Gebet. Aber irgendetwas stimmt da doch nicht! Du glaubst an das Evangelium; gut! Aber wie ergeht es dir? Warum machst du so harte Zeiten durch? Warum behandelt dich ein Gott der Liebe in dieser Weise? Sieht so das christliche Leben aus? Mein Freund", sagt er, „du machst einen Fehler; du fügst dir selbst Leid und schweren Schaden zu; du bist dir selbst gegenüber unfair." – Wie schrecklich raffiniert das alles ist!

Und wie logisch die Versuchung die Dinge erscheinen lässt! Wenn sie so über uns kommt mit ihrer blindmachenden Wirkung, erweckt sie tatsächlich den Eindruck, als sei sie äußerst harmlos und vernünftig. „Schließlich", so lässt sie den Psalmisten sagen, „führe ich ein gottesfürchtiges Leben – und so ergeht es mir nun! Die anderen spotten Gott und reden hochfahrend Dinge daher, die nie gedacht, geschweige denn gesagt werden dürften. Und trotzdem geht es ihnen gut; ihre Kinder gedeihen; sie haben mehr, als man sich wünschen kann. Wie aber geht es mir? Was muss ich alles durchmachen! Daraus kann ich doch nur eine Schlussfolgerung ziehen." Auf solch menschliche Weise betrachtet, scheint der Fall tatsächlich kaum widerlegbar. Auch das ist ein typisches Kennzeichen der Versuchung. Ohne das würde ihr kein Mensch je erliegen. Sie ist so einleuchtend, ihre Argumentation ist so logisch, dass man sich ihr kaum entziehen kann. Jeder weiß, dass ich nicht vom grünen Tisch aus spreche. Wir alle kennen etwas davon;

andernfalls sind wir keine Christen. Das sind die Angriffe, denen Gottes Kinder ausgesetzt sind. Weil sie Gottes Kinder sind, macht der Teufel sie zu seiner besonderen Zielscheibe und nimmt jede Gelegenheit wahr, sie zu Boden zu zwingen.

An dieser Stelle möchte ich noch einmal betonen: In solcher Weise versucht zu werden, ist keine Sünde. Darüber darf kein Missverständnis aufkommen. Dass uns solche Gedanken nahegebracht, dass sie uns eingeflößt werden, bedeutet noch nicht, dass wir schuldig geworden sind. Für das Problem des Glaubenskampfes ist das von fundamentaler Bedeutung. Wir müssen zu unterscheiden lernen: Versuchtwerden ist nicht gleich Sündigen. Wir haben keine Kontrolle über die Gedanken, die uns vom Teufel eingeflößt werden. Er setzt sie uns in den Kopf. Paulus spricht von den „feurigen Pfeilen des Bösen". Der Psalmist hat sie kennengelernt. Er wurde zur Zielscheibe des Teufels. Doch die bloße Tatsache, dass ihm diese Pfeile in den Verstand drangen, bedeutet noch nicht, dass er schuldig geworden wäre. Jesus Christus selbst ist versucht worden. Der Teufel flößte ihm fremde Gedanken ein. Doch der Herr sündigte nicht, er wies diese Gedanken zurück. Gedanken werden uns kommen, und der Teufel mag versuchen, uns zu überzeugen, dass wir gesündigt hätten, nur weil sie uns gekommen sind. Doch es sind nicht unsere Gedanken, sie sind vom Teufel – er hat sie dorthin gebracht. Der kauzige Billy Bray aus Cornwall hat dies auf seine originelle Art in folgende Worte gefasst: „Du kannst die Krähe nicht daran hindern, dir über den Kopf zu fliegen; aber du kannst sie daran hindern, in deinen Haaren ein Nest zu bauen!"[4] Und ich sage: Wir können nicht verhindern, dass uns Gedanken eingeflößt werden; die Frage ist nur, was wir mit ihnen anfangen. Wir sprechen davon, dass uns Gedanken „durch den Kopf gehen". Solange sie nur das tun, sind sie keine Sünde. Wenn wir sie aber willkommen heißen und ihnen beipflichten, dann werden sie zur Sünde. Ich betone das, weil ich oft mit Menschen zu tun habe, die sehr darunter leiden, dass ihnen unwürdige Gedanken gekommen sind. Ich sage ihnen dann Folgendes: „Achten Sie genau auf die Worte, die Sie gewählt haben. Sie haben gesagt, dass Ihnen der Gedanke ‚gekommen ist'. Wenn das stimmt, haben Sie keine Sünde begangen. Ihre Worte waren ja nicht: ‚Ich habe gedacht'; Sie sagten: ‚Mir kam der Gedanke'. Das ist richtig so. Der Gedanke kam Ihnen, und er kam vom Teufel. Die Tatsache, dass er vom Teufel kam, bedeutet

4 Dies war ein Zitat von Luther aus der Auslegung des Vaterunser zur sechsten Bitte (Anm. d. Hrsg.).

noch nicht, dass Sie schuldig geworden sind." Die Versuchung an sich ist keine Sünde.

Das bringt uns zum letzten und wirklich unerlässlichen Punkt. Wir sollten mit der Versuchung, wenn sie kommt, umzugehen verstehen. Wir sollten wissen, wie wir uns ihr gegenüber verhalten müssen. In gewissem Sinne bemüht sich der Psalmist um nichts anderes als darum, uns das klarzumachen. Es gibt nur einen sicheren Beweis, der uns zeigt, ob wir mit der Versuchung richtig umgegangen sind; und der ist erbracht, wenn wir bei der richtigen Schlussfolgerung angelangt sind. Damit habe ich angefangen, und damit höre ich auf. Die große Botschaft dieses Psalms lautet: Wenn wir mit der Versuchung umzugehen wissen, können wir sie zur Ursache vieler Siege werden lassen. Dann werden wir am Ende in einer stärkeren Position sein als am Anfang. Und selbst wenn einmal auch wir „einen Fehltritt getan" hätten, ist das nicht schlimm. Wenn wir nur am Ende jene Höhe erreichen, auf der wir Gott in einer vorher nicht gekannten Sicherheit von Angesicht zu Angesicht gegenüberstehen. Wir können uns den Teufel und all seine Angriffe zunutze machen! Wir können sie in einen großen Sieg des Glaubens umwandeln, der uns sagen lässt: „Nachdem ich all das durchgemacht habe, ist mir die Einsicht geschenkt worden, dass Gott dennoch mein Trost ist. Ich war versucht zu glauben, dass er es manchmal nicht sei. Jetzt weiß ich, dass ich damit unrecht hatte. Gott ist dennoch mein Trost, unter allen Bedingungen, zu allen Zeiten – völlig unabhängig davon, was mir oder einem anderen widerfährt." „Ich bin", so sagt der Psalmist, „zu dem Schluss gekommen, dass Gott trotz allem nur gut ist gegen Israel."

Können wir, können Sie oder ich das nachsprechen? Der eine oder andere durchlebt vielleicht gerade eine ähnliche Situation. So manches geht daneben, ein Schicksalsschlag scheint den andern zu jagen, und alles sieht trost- und hoffnungslos aus. Man hat ein christliches Leben geführt, seine Bibel gelesen, für Gott gearbeitet, und dennoch kommen die Schläge. Alles scheint völlig falsch zu laufen. Man ist *„den ganzen Tag geplagt worden"* und die *„Züchtigung war jeden Morgen da"*. Schwierigkeiten folgen Schlag auf Schlag. Da möchte ich nur eine Frage stellen: Können Sie angesichts all dessen sagen: *„Nur gut ist Gott"*? Können Sie das sagen, auch angesichts der Tatsache, dass es den Bösen blendend geht? Können Sie trotz der Grausamkeit des Feindes oder des Verrats eines Freundes und trotz all Ihrer Erlebnisse sagen: „Gott ist immer nur gut, ohne jede Ausnahme und ohne alle Vorbehalte"? Wenn nicht, dann sind Sie schuldig geworden. Vielleicht sind Sie versucht worden und Ihnen kamen Zweifel. Damit ist immer zu rechnen; das ist noch keine Sünde. Die Frage ist nur, waren Sie fähig, mit dieser Versuchung fertig zu werden? Waren Sie in der Lage, sie abzuweisen und aus Ihren Gedanken zu verbannen? Konnten Sie ohne jegliche Vorbehalte sagen: „*Nur gut ist Gott gegen Israel*"? Können Sie ohne zu zögern behaupten: „Alle Dinge dienen mir zum Besten"? Daran erweist es sich. Ich möchte hier jedoch daran erinnern, dass der Psalmist nicht nur sagt: „*Nur gut ist Gott gegen Israel*", er fügt mit Bedacht hinzu: „*... gegen die, welche reinen Herzens sind.*" Jetzt müssen wir aufpassen. Wir müssen uns selbst gegenüber ehrlich sein, und wir müssen Gott gegenüber ehrlich sein. Die Verheißungen Gottes sind groß und allumfassend. Aber immer sind sie an diese eine Bedingung geknüpft: „*Gegen die, welche reinen Herzens sind.*" Mit anderen Worten: Wer gegen Gott sündigt, mit dem wird Gott sich befassen müssen, und das wird schmerzhaft sein. Doch selbst dann, wenn Gott uns züchtigt, ist er gut zu uns. Ja, er züchtigt uns, gerade, weil er gut zu uns ist. Wer keine Züchtigung erlebt, der ist ein „unechtes Kind"; daran erinnert uns der Verfasser des Hebräerbriefes. Wir aber sollten bedenken: Wer das verstehen will, muss „reinen Herzens" sein. Er muss „Wahrheit im Innersten" (Ps 51,8) haben. Es darf dort keine verborgene Sünde geben. Denn: „*Hätte ich Unrecht vorgehabt in meinem Herzen, so hätte der Herr nicht erhört*" (Ps 66,18). Wenn ich Gott gegenüber nicht treu und aufrichtig bin, habe ich kein Recht, irgendeine seiner Verheißungen auf mich zu beziehen. Wenn es hingegen mein einziger Wunsch ist, ihm zu gefallen, dann kann ich aus vollem Herzen bestätigen: „*Nur gut ist Gott gegen Israel.*"

Manchmal denke ich, dass es im Glaubensleben eines Christen eigentlich nur darum geht, zwei Dinge zu erkennen. Wir finden sie in den ersten beiden Versen unseres Psalms: „*Nur gut ist Gott gegen Israel, gegen die, welche reinen Herzens sind. Ich aber – fast wäre ich gestrauchelt mit meinen Füßen, wie leicht hätte ich einen Fehltritt getan!*" Mit anderen Worten: Mein Vertrauen zu Gott muss ein vollkommenes und absolutes sein, ich darf mich nicht länger auf mich selbst verlassen. Solange Sie und ich in der Lage sind, dass wir „*Gott im Geist dienen und uns in Christus Jesus rühmen und nicht auf Fleisch vertrauen*" (Phil 3,3), ist alles in Ordnung. Das bedeutet wahrhaftiges Christsein: völlig und absolut auf Gott vertrauen und sich in keiner Weise auf die eigene Person und das eigene Vermögen verlassen. Wer so leben will, wird immer auf Gott schauen, und in dieser Position wird er nie scheitern.

Möge Gott uns die Gnade schenken, dass wir einige dieser Erkenntnisse auf uns persönlich anwenden können. Dabei wollen wir uns immer vor Augen halten, dass der Herr selbst unser größtes und herrlichstes Vorbild ist. Ich sehe ihn, den Sohn Gottes, im Garten Gethsemane. Ich höre ihn die Worte ausstoßen: *„Vater, ist es möglich."* Er ist unruhig. Er fragt: „Gibt es denn keinen andern Weg, keine andere Möglichkeit, um die Menschheit zu retten?" Der Gedanke an die Sünde der Welt, die zwischen ihn und seinen Vater treten wird, erschüttert ihn bis ins Innerste. Doch er erniedrigt sich selbst. Die Fragen und Zweifel bringen ihn nicht zu Fall. Er gibt sich in Gottes Hände, womit er im Grunde sagt: „Deine Wege sind immer richtig. Du bist immer gut. Ich weiß, was immer du mit mir tun wirst, du tust es, weil du gut bist. ‚… *doch nicht wie ich will, sondern wie du willst!*'" (Mt 26,39).

# 2.

# Fuss fassen

***„Wenn ich gesagt hätte: ‚Ich will ebenso reden!' – siehe, so hätte ich treulos gehandelt am Geschlecht deiner Söhne"***

(Psalm 73,15)

Im vorangegangenen Kapitel haben wir gesehen, zu welchen Erkenntnissen der Psalmist kam. *„Nur gut ist Gott gegen Israel, gegen die, welche reinen Herzens sind"*; gut zu allen, die sich bemühen, ihm zu gefallen. Das war die Summe seiner Überlegungen. Doch wie kam er dahin? Wie gelang es ihm, wieder Fuß zu fassen und zu einem festen unerschütterlichen Glauben zurückzufinden? Darüber wollen wir im Folgenden nachdenken. Wir wollen uns die Mühe machen, diesen Psalm ganz genau zu analysieren. Denn erst dann wird er sich uns in seiner ganzen Bedeutung erschließen.

Viele begnügen sich ja leider damit, die Psalmen nur durchzulesen und sich an ihrer wohltuenden Wirkung zu erfreuen. Man benutzt sie fast als Droge. Wenn man Probleme hat oder in Schwierigkeiten steckt, dann tut es auf jeden Fall gut, so sagt man, einen Psalm zu lesen. „Es geht so etwas Friedvolles von ihnen aus", heißt es. „Ihre Sprache ist so besänftigend. Nehmen Sie doch nur einmal eine Aussage, wie in Psalm 23: ‚*Der HERR ist mein Hirte; mir wird nichts mangeln.*' Versetzt das nicht Geist und Gemüt in einen wunderbar friedlichen Zustand? Man schläft ein, ohne es überhaupt zu merken." So erfreut man sich an der psychologischen Wirkung der Psalmen. Für andere wiederum sind sie als großartige Dichtung interessant. Sie berauschen sich an der Schönheit ihrer Sprache. Das alles ist zwar in den Psalmen auch enthalten; aber in erster Linie – und das deutlich zu machen, ist hier mein Anliegen – geben sie Glaubenserfahrungen wieder, die auch für uns wertvoll sein können. Das ist allerdings nur dann der Fall, wenn wir die Mühe auf uns nehmen und die Psalmen sorgfältig untersuchen und wenn wir versuchen herauszufinden, was der Psalmist wirklich meint. Um das zu entdecken, müssen wir allerdings die „Schönheit der Worte" für einen Augenblick vergessen und uns auf ihre Bedeutung konzentrieren.

Dabei stellen wir fest, dass der Psalmist ganz methodisch vorgeht. Er kommt nicht plötzlich zu seiner Erkenntnis; vielmehr ist sie das Ergebnis einer inneren Entwicklung. Es lohnt sich, einmal die einzelnen Schritte nachzuvollziehen, mit denen er aus einer Situation, in der er fast mit seinen Füßen gestrauchelt wäre, heraus- und zu einer festen und unerschütterlichen Glaubenshaltung zurückfand. Die Erkenntnis, dass es auch im Glaubensleben so etwas wie Disziplin gibt, ist für uns äußerst wichtig. Viele Christen meinen ja, wir müssten nur immer auf den Herrn schauen, was auch geschehe, dann werde schon alles gut. Das stimmt aber nicht. Es entspricht nicht einmal den Erfahrungen der Menschen, die so etwas behaupten. Es ist eine unbiblische Lehre. Wenn wir wirklich nicht mehr tun müssten als das, wären große Teile der Heiligen Schrift überflüssig. Wenn wir nur auf den Herrn zu schauen brauchten, hätten die neutestamentlichen Briefe nie geschrieben werden müssen. Warum? Nun, sie sind geschrieben worden von Männern, die vom Heiligen Geist inspiriert waren. Ihr Ziel war es, uns zu unterweisen, uns zu sagen, wie wir leben sollen, und uns bewusst zu machen, dass die *Disziplin* ein wesentlicher Bestandteil des Christseins ist.

Leider vergisst eine gewisse Sorte von Christen diesen Aspekt heute nur allzu gern, und sie ist besonders unter den evangelischen Christen zu finden. Warum? Ich denke, zunächst zeigen sie damit nichts anderes als eine Reaktion auf die Lehren der katholischen Kirche. Die katholische Kirche legt großen Wert auf eine gewisse Art von Disziplin. Das beweisen uns zahlreiche Schriften und Handbücher ebenso wie die Tatsache, dass einige der größten Vorbilder auf diesem Gebiet Katholiken waren. Denken wir nur an Bernhard von Clairvaux oder an Fenelon, dessen berühmte „Briefe an Männer und Frauen" einstmals große Verbreitung fanden.

Die Protestanten haben sich dagegen gewehrt, und bis zu einem gewissen Grad mit Recht. Denn es steht außer Frage, dass in der katholischen Kirche die Methode oftmals wichtiger ist als das Glaubensleben selbst und dass ihre Anhänger häufig zu Sklaven von Methoden werden. Dass wir uns als Protestanten entschieden dagegen wehren, ist richtig. Aber aus dem Missbrauch der Disziplin zu schließen, sie sei im Leben eines Christen überflüssig, wäre vollkommen falsch.

Im Gegenteil! Die wirklich großen Zeiten des Protestantismus waren immer auch davon gekennzeichnet, dass man um die Notwendigkeit einer solchen Disziplin wusste. So war es zum Beispiel ein hervorstechendes Merkmal des Puritanismus, den Menschen zu zeigen, wie sie die Heilige Schrift auf das tägliche Leben anwenden sollten. Aus dieser Haltung heraus schrieb Richard Baxter sein *Spiritual Directory*. Auch die Wegbereiter der großen Erweckung im folgenden Jahrhundert vertraten dieselbe Haltung. Warum wurden Männer wie die Brüder Wesley und ein Whitefield Methodisten genannt? Weil in ihrem Leben eine Methode zu erkennen war und weil es auch in ihren Versammlungen eine Methode gab. Sie stellten Regeln auf, nach denen sie ihre „Gesellschaften" formten. Und sie bestanden darauf, dass alle, die einer dieser „Gesellschaften" anzugehören wünschten, gewisse Dinge taten und andere ließen. Schon die Bezeichnung Methodisten zeigt, was ihren Trägern wichtig war: das eigene Leben in der Welt, in der wir leben, diszipliniert, methodisch zu gestalten und zu wissen, wie man in den unterschiedlichsten Lebenssituationen mit sich selbst umzugehen hat.

Genau darum geht es auch in unserem Psalm. Der Psalmist geht nach einer ganz bestimmten Methode vor, die wir uns unbedingt anschauen sollten. Von ihm können wir lernen, wie wir mit uns selbst umgehen müssen. Denn fällt uns nicht gerade das heute oft so schwer? Wie viel Mühe bereitet es uns doch, mit uns selbst fertig zu werden! Nur bei andern wissen wir immer genau, was sie zu tun haben. Welche Probleme haben wir dagegen mit uns selbst! Aber soll sich das Leben eines Christen nicht vor allem dadurch auszeichnen, dass er mit sich umzugehen weiß? Und zwar auch und besonders in kritischen Situationen? Der Psalmist weiht uns in das Geheimnis seiner Methode ein.

Wir wollen auf der niedrigsten Stufe beginnen und ich meine, dass in dem, was er uns mitteilt, etwas sehr Wundervolles liegt: Vor uns steht ein großer Mann, ein Mensch, der außergewöhnliche Segnungen empfangen hat – und doch ist das Erste, was ihn aufrecht hielt und vor dem Untergang bewahrte, wirklich am überraschendsten. Die Art und Weise, wie wir bei der Entdeckung dieses ersten Schrittes in der Entwicklung seiner Wiederherstellung reagieren, ist ein sehr guter Test für unser geistliches Verständnis. Ich frage mich, ob nicht vielleicht der eine oder andere meint, der Psalmist beginne auf einer zu niedrigen Stufe; kein Christ dürfe sich auf so niedrigem Niveau bewegen. Doch wir wollen uns selbst ganz fest im Auge behalten, wenn wir seinen Weg weiter betrachten.

Dabei möchte ich zunächst noch Folgendes sagen: Es kommt letztlich nicht so sehr darauf an, wo wir wieder Fuß fassen. Wichtig ist, dass wir überhaupt wieder Fuß fassen und nicht mehr rutschen. Es ist immer noch besser, auf der alleruntersten Sprosse der Leiter zu stehen, als am Boden zu liegen. Unser Psalmist fing ganz unten an und begann von dort seinen Aufstieg. Wie hat er das angestellt? Wir wollen als Erstes die Methode betrachten, was der Psalmist im Einzelnen unternahm. Davon ausgehend wollen wir bestimmte Prinzipien ableiten, die wir grundsätzlich auf jede Situation anwenden können, in der wir uns wiederfinden mögen.

Der Psalmist hatte plötzlich vor einer Versuchung gestanden; der Versuchung, etwas Bestimmtes zu sagen oder zu tun. Die Macht dieser Versuchung war so groß, dass er darüber fast aus dem Gleichgewicht geriet. Es fehlte nicht viel, und er wäre ihr erlegen. Doch etwas hielt ihn zurück, und er sagt uns, was es war: „*Wenn ich gesagt hätte*“ – er war drauf und dran, etwas zu sagen – „*Wenn ich gesagt hätte: ‚Ich will ebenso reden!‘ – siehe, so hätte ich treulos gehandelt am Geschlecht deiner Söhne.*“ Was also ist seine Methode?

Er ruft sich zunächst gewissermaßen selbst zur Ordnung. Warum, weiß er wohl selbst nicht, doch er tut es. Er schluckt einfach herunter, was ihm auf der Zunge liegt. Er sagt es nicht. Das ist von größter Bedeutung. Der Psalmist erkannte, wie wichtig es ist, niemals übereilt zu sprechen, niemals vorschnell loszureden. Das war seine erste, wenn auch sehr allgemeine Maßnahme; ein Schritt, der ebensogut von einem Nichtchristen getan werden kann. Und das möchte ich hier betonen: Die geistliche Disziplin kann es unter Umständen erforderlich machen, dass wir Dinge tun, die auf den ersten Blick gar nichts Christliches an sich haben. Aber wenn sie uns Halt geben können, dann sollten wir uns an sie klammern.

Viele Christen sind ja so darauf bedacht, sich ständig in den Höhenregionen des Glaubens zu bewegen, dass sie gerade deshalb immer wieder ins Tal abrutschen. Sie missachten solch allgemeine Methoden und begehen den gleichen Fehler wie der Verfasser von Psalm 116. Er gesteht uns offen und ehrlich: *„Ich sprach in meiner Eile: ‚Alle Menschen sind Lügner!'"* (Vers 11; KJV). Er sprach in seiner „Eile"; und das war sein Fehler. Unser Mann hingegen hatte entdeckt, wie wichtig es ist, nicht übereilt zu reden, auch wenn er in diesem Augenblick zu fallen drohte. Der Christ, der voreilig redet und handelt, verhält sich falsch. Im Neuen Testament heißt es dazu: *„Darum, meine geliebten Brüder, sei jeder Mensch schnell zum Hören, langsam zum Reden, langsam zum Zorn"* (Jak 1,19). Wir müssen jetzt nicht näher darauf eingehen; aber es liegt auf der Hand, dass unser Leben viel harmonischer verliefe, wenn wir uns diese Regel etwas mehr zu Herzen nähmen. Wie viele Schwierigkeiten blieben uns erspart! Wie viele Nadelstiche und Aufregungen, wie viele Streitereien, Verleumdungen und Herzeleid könnten vermieden werden, wenn wir nur alle diesen Rat befolgten: *„... sei schnell zum Hören, langsam zum Reden."* Innehalten und nachdenken, das ist wichtig. Und wenn wir nichts weiter tun können, wollen wir innehalten. Nicht aus dem Impuls heraus handeln! Der Psalmist hat es auch nicht getan. Das war der erste Schritt, der ihn vor dem Fallen bewahrte.

Unser Mann blieb nicht dabei stehen. Sein zweiter Schritt bestand darin, darüber nachzudenken, was er zu sagen im Begriff gewesen war. Das Problem war immer noch da. Nichts schien es zu widerlegen. Die Fakten waren zu offenkundig. Da sind die Gottlosen. Es geht ihnen gut, wie jeder sieht. Und hier steht er, beständig in Schwierigkeiten. Die Situation erscheint so eindeutig. Soll er es aussprechen? „Nein", sagt sich der Psalmist, „schau lieber ein zweites Mal hin, denk noch einmal darüber nach. Eine solche Angelegenheit kann man nicht gründlich genug prüfen." Er beginnt, die Sache mit sich selbst zu besprechen. Er breitet sie vor sich aus. Er betrachtet sie erneut. Wie wichtig das ist! Wie viele Tragödien hätten vermieden werden können, wenn die Menschen nur ein zweites Mal hingeschaut hätten. Und das gilt ganz besonders, wenn die Versuchung naht, wenn sie uns mit ihrer Blendkraft zu überzeugen sucht, wenn alles für sie zu sprechen scheint und wir kein einziges Gegenargument finden können. Die ganze Strategie im Kampf gegen den Teufel besteht darin, auf diesem nochmaligen Nachdenken zu bestehen und alles noch einmal zu überdenken. Dieser „zweite Blick" könnte uns bewahren.

Der Psalmist betrachtete die Angelegenheit erneut, er drehte und wendete sie, er prüfte sie von allen Seiten. Damit sind wir bei einer weiteren wichtigen Grundregel: Er blieb nicht bei seinem Problem stehen, sondern er dachte über die Konsequenzen nach, die seine Worte haben konnten. Alles, was ein Mensch im Leben tut, hat Konsequenzen. Jede Wirkung hat eine Ursache und jede Ursache eine Wirkung. Wie viele unserer Schwierigkeiten sind nur darauf zurückzuführen, dass wir das vergessen. Wir denken nicht mehr daran, dass unser Handeln Auswirkungen hat, unsere Entscheidungen gewisse unvermeidliche Konsequenzen nach sich ziehen. Der Teufel lockt uns mit scheinbar isolierten Ereignissen in sein feingesponnenes Netz. Er spielt mit einer Frage, mit einem Problem vor unseren Augen, bis wir nichts anderes mehr sehen und an nichts anderes mehr denken können. Dieses eine Ding beherrscht unser gesamtes Denken, die Folgen werden übersehen. Anders unser Psalmist. Er sieht die Konsequenzen, er sagt: *„Wenn ich gesagt hätte: ‚Ich will ebenso reden!' – siehe, so hätte ich treulos gehandelt am Geschlecht deiner Söhne."* Er nahm sich in Acht, überdachte die Konsequenzen und konfrontierte sich selbst mit ihnen.

Wir finden in der Bibel viele Beispiele für ein solches Verhalten. Eines der faszinierendsten ist wohl das von Nehemia. Er war in Gefahr geraten, sein Leben stand auf dem Spiel. Da kam ein falscher Freund und riet ihm: „Du bist ein außergewöhnlicher Mann, du solltest dein Leben nicht in dieser Weise gefährden. In der Nacht werden sie kommen und dich töten!" (siehe Neh 6,10). Mit schmeichlerischen und besorgt klingenden Worten legte er Nehemia einen Fluchtplan vor. Hätte Nehemia auf ihn gehört, die Geschichte Israels wäre vollkommen anders verlaufen. Der Vorschlag muss für Nehemia verlockend gewesen sein, aber er riss sich zusammen und sagte: *„Sollte ein Mann wie ich fliehen?"* Er dachte an die Folgen, und als er sie deutlich vor Augen sah, ließ er den Vorschlag fallen. Das gleiche Verhalten bewahrte unseren Psalmisten. Er sah die Konsequenzen!

Sein nächster Schritt bestand darin, dass er sich an etwas hielt, dessen er sich sicher war. Daran klammerte er sich mit aller Kraft. Sein Hauptproblem war noch immer nicht gelöst, er konnte es einfach nicht verstehen, auch nachdem er nochmals darüber nachgedacht hatte. Das erneute Hinschauen hatte ihn jedoch etwas anderes erkennen lassen: Hätte er die Worte, die ihm auf der Zunge brannten, ausgesprochen, dann hätte das ganz unmittelbare Konsequenzen. Er würde für das Volk Gottes zu einem Stein des Anstoßes werden. Das war eine Tatsache, und daran hielt er sich fest. Darin liegt auch für uns die nächste Grundregel. Der Psalmist weiß noch immer nicht, was er von der Behandlung halten soll, die Gott seinen Kindern angedeihen lässt. Diese Frage ist für ihn noch nicht geklärt. Aber das eine weiß er mit Sicherheit: Es ist falsch, für die Kinder Gottes zum Stolperstein zu werden. Daran hält er sich! Erkennen Sie seine Methode? Sie gilt auch für Sie. Wenn Sie unsicher sind und Sie etwas beunruhigt, dann sollten Sie zuerst nach etwas suchen, dessen Sie sich sicher sind, woran Sie sich klammern können. Vielleicht handelt es sich nur um eine Nebensächlichkeit; das ist gleichgültig. Unser Psalmist sah, welche Folgen sein Tun haben würde, und er wusste: Es ist falsch. Also beschloss er: „Ich will nicht darüber reden." Das sah er ganz deutlich, wenngleich er sich in Bezug auf das Hauptproblem immer noch nicht im Klaren war.

Danach traf er eine letzte Vorentscheidung. Er fand sich damit ab, dass er sein Hauptproblem vorläufig nicht lösen konnte. Es hatte ihn schwer erschüttert und in Versuchung gebracht und war für ihn, so berichtet er uns, nach wie vor undurchschaubar. Tatsächlich verstand er es erst, nachdem er in das Heiligtum Gottes gegangen war. Im Augenblick sagte er sich nur: „Ich muss das Problem vorläufig ruhen lassen. Ich will nicht darüber reden, denn mir ist klar, dass ich durch meine Äußerungen das Geschlecht der Kinder Gottes verletzen würde. Und das kann ich nicht tun. Ich will mich inzwischen an das halten, was ich mit Sicherheit weiß, und mich damit abfinden, dass ich die andere Sache vorläufig nicht verstehen kann." Das war seine Methode, und das bewahrte ihn und war ihm eine Hilfe.

Wie einfach sein Vorgehen eigentlich ist! Und doch – wie wichtig sind die einzelnen Schritte! Ich möchte sie noch einmal aufzählen. Die erste Grundregel, die auch für uns Gültigkeit hat, lautet: Unsere Rede sei im Kern stets positiv. Damit meine ich, wir sollten niemals vorschnell über unsere Zweifel und Ungewissheit sprechen. Ich habe Menschen kennengelernt, die Jahre ihres Lebens Seelenqualen litten, weil sie vor langer Zeit, als sie noch keine Christen waren, Dinge gesagt hatten, die andere in ihrem Glauben erschütterten. Das ist furchtbar! Ich erinnere mich besonders an einen jungen Mann. Er war noch Student, als er zu mir kam. Zu Beginn seines Studiums hatte er fest und unerschütterlich im Glauben gestanden. Doch einer seiner Professoren, der sich seines Unglaubens rühmte und auch sonst nichts Positives zu geben hatte, verspottete den Glauben des jungen Mannes, wo sich nur eine Gelegenheit bot, ob öffentlich oder im privaten Kreis. Der junge Mann geriet dadurch in große Schwierigkeiten. Es gibt kaum etwas Schlimmeres als das Verhalten dieses Professors, der den Glauben des jungen Mannes zu zerstören suchte. Natürlich waren seine Attacken bösartig und gezielt. Aber vielleicht verhalten wir uns unbewusst manchmal ebenso. Wenn wir von Fragen und Zweifeln heimgesucht werden, dann sollten wir nicht sofort laut darüber reden (es sei denn, wir bitten jemanden um Hilfe). Es könnte nämlich sein, dass unsere Worte, wenn auch unbeabsichtigt, die gleiche Wirkung haben wie die des Professors. Wenn wir nichts Hilfreiches zu sagen haben, sollten wir lieber schweigen. Der Psalmist befolgte diese Grundregel. Er verstand etwas nicht, und er hätte am liebsten darüber gesprochen. Doch er sagte sich: „Ich will es nicht sagen. Denn wenn ich es tue, werde ich dem Volk Gottes Schaden zufügen." Wir können über den Psalmisten sagen, was wir wollen, er war ein Gentleman. Und das sollten auch wir in jedem Falle bleiben, selbst wenn unser Glaube ins Wanken gerät. Anderen Schaden zufügen, das dürfen wir nicht. Wir müssen lernen, uns im Zaum zu halten und unsere Schwierigkeiten und Zweifel nicht gleich überall weiterzuerzählen. Der Psalmist schwieg so lange, bis er sagen konnte: *„Nur gut ist Gott gegen Israel."* Von dem Augenblick an durfte er reden. Nachdem er das erkannt hatte, konnte er unbesorgt die Geschichte seiner Schwierigkeiten erzählen.

Die nächste Grundregel lautet: Die Wahrheit ist etwas Umfassendes und Vielschichtiges. Eine isolierte Wahrheit gibt es nicht. Unser Psalmist hatte zunächst gedacht, er habe es mit einem einzigen Problem zu tun, dem Wohlergehen des Gottlosen. Dann aber erkannte er, dass es Zusammenhänge gibt, dass das Volk Gottes mitbetroffen wäre, wenn er gewisse Dinge aussprechen würde. Er machte die Erfahrung, dass die Wahrheit komplex ist. Dass dies nicht vergessen werden darf, soll uns ein weiteres Beispiel zeigen: Viele Menschen, die wissenschaftlich interessiert sind, geraten in schwere Glaubenskonflikte, weil sie die Zusammenhänge nicht mehr sehen. Angeblich wissenschaftliche Beweise werden ihnen von Fachleuten als Tatsachen präsentiert, und sie glauben den einzelnen Aussagen, ohne zu bedenken, welche Konsequenzen das für andere Bereiche der Wahrheit haben kann. In diesem Zusammenhang erwähne ich gerne die Evolutionstheorie. Es gibt einen ganz einfachen Grund, sie abzulehnen: Sobald ich sie akzeptiere, gerate ich in Konflikt mit den biblischen Aussagen über die Sünde, über den Glauben und über den Opfertod Christi. Die Wahrheit hat viele Aspekte, und der eine hat Auswirkungen auf den anderen. Darum sollten wir uns hüten, uns über bestimmte einzelne Fragen zu schnell eine feste Meinung zu bilden. Betrachten wir die Sache, um die es geht, von allen nur denkbaren Seiten. Konzentrieren wir uns nicht nur auf das Problem selbst, sondern auch auf die Konsequenzen und Auswirkungen, die es haben kann. Erst wenn wir dies getan haben, sollten wir eine Meinung äußern.

Die nächste Grundregel lautet: Wir dürfen niemals die Beziehungen zu unseren Mitmenschen aus den Augen verlieren. Der Psalmist wurde zunächst nicht von großen Einsichten in das Handeln Gottes ihm gegenüber zurückgehalten, sondern von der Erinnerung daran, dass er in Beziehung zu anderen Menschen stand. Das war es, was ihn aufrecht hielt. Das wusste er mit Sicherheit, und daran hielt er sich fest. Der Apostel Paulus formuliert das sehr eindrücklich: *„Denn keiner von uns lebt sich selbst und keiner stirbt sich selbst“* (Röm 14,7). Er geht in den folgenden Versen näher darauf ein und kommt schließlich auf das Problem des schwächeren Bruders zu sprechen. In 1.Korinther 8 und 10 äußert er sich noch einmal zu diesem Thema und sagt den bemerkenswerten Satz: *„Ich rede aber nicht von deinem eigenen Gewissen, sondern von dem des anderen“* (1.Kor 10,29). Mit anderen Worten: Ich, als starker Christ, darf mich in meinen Entscheidungen nicht selbst zum Maßstab machen. Ich muss nach meinem schwächeren Bruder fragen, für den Christus gestorben ist. Sein Gewissen darf ich nicht verletzen. Kein Mensch „lebt sich selbst“. Alle sind miteinander verbunden. Wenn ich mich nicht um meiner selbst willen zurückhalten kann, so muss ich es um meines schwächeren Bruders willen tun. Bei der nächsten Versuchung, wenn der Teufel uns vergessen machen will, dass es nicht um uns allein geht, dann lassen Sie uns die Konsequenzen bedenken; wir wollen uns an die anderen erinnern lassen. Wenn einer von uns fällt, dann ist das kein isolierter Fall, die ganze Kirche fällt mit uns. Der Psalmist hatte erkannt, dass sein Leben mit dem Leben der andern wie in einem Bündel zusammengebunden war. Deshalb sollten auch wir sagen: „Mir ist bewusst, dass all die anderen mitbetroffen sein werden. Wir alle sind Kinder des himmlischen Reichs. Wir alle sind Glieder des einen Leibes Christi. Wir können nicht isoliert handeln.“ Daran sollten wir uns erinnern lassen, wenn wir im Begriff sind, etwas Verkehrtes zu tun, und kaum etwas uns zurückzuhalten vermag. Wir wollen an unsere Familie denken, an die Menschen, zu denen wir gehören, an den Namen, den wir wie ein Mal auf der Stirn tragen. Wenn uns sonst nichts mehr halten kann, davon wollen wir uns halten lassen. Davon wurde auch der Psalmist gehalten.

Wir kommen zur nächsten Grundregel: Es ist unerlässlich, in seinem Leben gewisse Maßstäbe zu haben. Oder anders ausgedrückt: Wir müssen lernen einzusehen, dass es Dinge gibt, die für uns einfach undenkbar sind, die wir nie tun sollten, ja die wir nicht einmal in Gedanken in Betracht ziehen dürfen. Ich behaupte ohne zu zögern, dass die gegenwärtige Zunahme der Scheidungsrate darauf zurückzuführen ist, dass die Menschen diese Grundregel aus den Augen verloren haben. Wenn zwei Menschen heiraten und vor Gott und den anderen einander feierliche Versprechen geben, dann sollte eine gewisse Hintertür für sie verschlossen sein, ja sie sollten sie nicht einmal mehr anschauen. Das entspricht freilich nicht heutiger Gewohnheit. Die Menschen heiraten und lassen dabei die Hintertür für getrennte Lebenswege gleich offenstehen. Sie blicken über die Schulter zurück, und oft erwägen sie die Möglichkeit einer Scheidung, noch bevor sie einander das Eheversprechen gegeben haben. Darum ist das Leben heute so, wie es ist. Die Menschen haben keine Maßstäbe mehr.

Es gab Zeiten, da war so etwas unmöglich – und es müsste eigentlich immer unmöglich sein. Gewisse Dinge sollten für Christen einfach undenkbar sein. Sie sollten überhaupt nie in Erwägung gezogen werden. Wenn der Psalmist an dieser Stelle auch sonst keinen Halt hatte, den einen Grundsatz hatte er, und daran hielt er sich: „Niemals werde ich etwas sagen, was meine Geschwister unglücklich macht. Es ist mir gleich, wie viel ich nicht verstehe. Aber dies gilt: Meinen Brüdern will ich niemals Schaden zufügen." Darauf beharrte er wie ein Mann, und langsam fing er an, auch sein eigentliches Problem zu verstehen. Jeder Mensch sollte in seinem Leben Maßstäbe haben. Jeder sollte sich unwiderrufliche Grenzen setzen. Das gilt besonders für junge Leute, die sich noch nicht so viel haben zuschulden kommen lassen – wenn es auch für sie nicht mehr gilt als für andere. Aber sie sollten sich früh ihre Maßstäbe setzen. Wer nichts Hilfreiches sagen kann, der sage lieber gar nichts. Auf keinen Fall füge er der Sache Gottes oder seiner Glaubensfamilie Schaden zu.

Und schließlich geht es im letzten Prinzip darum, dass wir uns daran erinnern, wer und was wir sind. Wir gehören zu den Menschen, die von Gott aus dieser Welt des Bösen herausgerufen worden sind. Wir wurden erkauft durch das Blut, das der Sohn Gottes am Kreuz auf Golgatha vergossen hat, nicht nur, um uns zu vergeben und uns Zugang zum Himmel zu verschaffen, sondern um uns von aller Sünde und Ungerechtigkeit zu befreien *„und für sich selbst ein Volk zum besonderen Eigentum zu reinigen, das eifrig ist, gute Werke zu tun"* (Tit 2,14). Das hat er getan, und darauf berufen wir uns. Daran sollten wir uns erinnern, wenn uns etwas beunruhigen will oder aus der Bahn zu werfen droht. Auch wenn wir die Sache selbst nicht verstehen, sollten wir uns sagen: „Das ist mir gleich. Ich finde mich damit ab, dass ich es jetzt nicht verstehe. Ich weiß nur eines: Für mich als Kind Gottes, das erkauft wurde durch das Blut Christi, sind gewisse Dinge einfach nicht möglich. Und das, was ich jetzt gerne tun würde, gehört dazu. Darum will ich es nicht tun, ganz egal, wie es weitergeht."

Zusammenfassend können wir also sagen: Es kommt nicht so sehr darauf an, auf welcher Stufe wir den Kampf gegen den Feind unserer Seele beginnen, wichtig ist, dass wir erst einmal festen Tritt fassen – und wenn es ganz unten ist. Der Psalmist befand sich auf der untersten Sprosse. Er hielt sich an die Grundregel: Wenn ich das tue, verletze ich diese Menschen.

Viel niedriger hätte er nicht stehen können. Aber er hatte etwas gefunden, was ihn festhielt, und das sollte man in einer solchen Situation unbedingt ausnutzen. Verachten wir nicht *„den Tag geringer Anfänge"* (Sach 4,10). Meinen wir nicht, wir seien zu geistlich, um uns auf so niedrigem Niveau aufzuhalten. Wer so denkt, wird fallen. Suchen wir also irgendeinen festen Punkt, der uns Halt bietet! Und sei es auch nur, dass wir etwas verneinen, dass wir nichts anderes mehr sagen können als: „Das kann ich nicht tun." Denn wenn unsere Füße wegrutschen, kommt es nur noch darauf an, einen Halt zu finden. Wir müssen das Abgleiten stoppen, wir müssen zum Stehen kommen. Dazu wollen wir alles benutzen, was sich uns bietet. Halten wir uns daran fest, bleiben wir dort stehen. Unser Glaubensleben ist wie eine Bergwanderung. Die Hänge sind wie aus Glas, und die Gefahr, auszurutschen und in den schrecklichen Abgrund zu stürzen, ist groß. Wenn wir da irgendetwas erblicken, und sei es nur ein kleiner Zweig, lasst uns danach greifen! In die kleinste Vertiefung, auf den schmalsten Felsvorsprung wollen wir unseren Fuß setzen. Alles wollen wir ausnutzen, was unseren Fall bremsen, was uns für kurze Zeit aufhalten kann. Denn wenn es uns gelingt, das hilflose Abgleiten zu stoppen, können wir erneut mit dem Aufstieg beginnen.

Der Psalmist hatte den kleinen Felsvorsprung gefunden und seinen Fuß darauf gesetzt. Das bremste seinen Fall. Nun konnte er wieder mit dem Aufstieg beginnen. Es war ein langer, aber herrlicher Aufstieg, der ihn schließlich dahin brachte, dass er sich Gottes wieder freuen und sogar das Problem verstehen konnte, das ihn so durcheinandergebracht hatte: „Nur gut ist Gott gegen Israel. Wie töricht bin ich gewesen!"

# 3.

# Geistlich denken

***„So sann ich denn nach, um dies zu verstehen; aber es war vergebliche Mühe in meinen Augen – bis ich in das Heiligtum Gottes ging und auf ihr Ende achtgab"***

(Psalm 73,16-17)

Wir haben festgestellt, dass es in unserem geistlichen Konflikt nicht so sehr darauf ankommt, wie weit unten wir unseren Fall bremsen – wenn wir ihn nur überhaupt bremsen. Wir brauchen die unteren Stufen nicht zu verachten. Es ist immer noch besser, auf der niedrigsten Sprosse der Leiter zu stehen, als ganz unten auf dem Boden zu liegen. Es ist immer noch besser, den winzigsten Felsvorsprung auszunutzen, als hilflos einen Abhang hinunterzurutschen.

Wir müssen nun allerdings einen Schritt weitergehen, denn auch der Psalmist blieb offensichtlich nicht bei der ersten Notmaßnahme stehen. Hätte er das getan, dann hätte er nie diesen Psalm schreiben und mit den Worten beginnen können: *„Nur gut ist Gott gegen Israel."* Der Felsvorsprung war erst der Anfang, und es mussten noch viele Schritte folgen, um den Psalmisten zu dieser Erkenntnis zu bringen. Denn zunächst steht er wohl, aber an seiner traurigen Gemütslage hat sich noch nichts geändert. Zwar sagt er: *„Wenn ich gesagt hätte: ‚Ich will ebenso reden!' – siehe, so hätte ich treulos gehandelt am Geschlecht deiner Söhne."* Doch er lässt uns auch wissen: *„So sann ich denn nach,* *um dies zu verstehen; aber es war vergebliche Mühe in meinen Augen.“* Er rutscht zwar nicht mehr, aber sein Hauptproblem ist noch nicht gelöst. Dennoch – es geht wenigstens nicht mehr bergab, und er steht auch nicht mehr in der Gefahr, gotteslästerliche Gedanken zu äußern.

Doch seine seelische Bedrängnis war immer noch groß; die Wege Gottes verwirrten ihn noch immer. Das möchte ich mit allem Nachdruck festhalten. Auch wenn es ganz wichtig und wunderbar ist, dass wir unseren Fall stoppen, so heißt das nicht, dass damit auch schon alles in Ordnung ist und unsere Probleme gelöst sind. Der Psalmist hatte noch keine Klarheit, er war nach wie vor in ernsten Schwierigkeiten, Das völlige Abgleiten hatte er zwar verhindern können, aber sein Problem war noch genauso brennend wie zuvor. Kennen wir solche Glaubenssituationen? Haben wir so etwas schon erlebt? Mir ist es häufig so ergangen. Es ist eine eigenartige und doch auch schöne Erfahrung. Man spürt, dass da irgendetwas ist, was einem Halt gibt, obwohl das eigentliche Problem unverändert weiterbesteht.

Der Psalmist stand, er rutschte nicht mehr. Die rebellischen Gedanken waren unter Kontrolle. Ansonsten aber bewegten sich seine Überlegungen im Kreis, und er war in großen Seelennöten – bis er *„in das Heiligtum Gottes ging“*. *„… und begriff, wie sie enden“* (Vers 17; EÜ[5]). Nun ist da eine Sache, die ich deutlich machen muss, bevor wir weitergehen. Wenn Sie einmal die verschiedenen Bibelübersetzungen miteinander vergleichen, werden Sie feststellen, dass manche diesen Versteil folgendermaßen wiedergeben: *„… bis ich in die Geheimnisse Gottes eindrang“*[6] (Bruns, s.a. Anm. bei Menge) anstatt: *„bis ich in das Heiligtum Gottes ging“*. Die Gründe, die für die Übersetzung „Heiligtum“ sprechen, erscheinen mir ziemlich überzeugend. Ein guter Grund dafür ist der, dass alle Psalmen in diesem Abschnitt des Buches mit dem buchstäblichen Standort zu tun haben, dem Heiligtum. Lesen Sie den nächsten Psalm und Psalm 76 und Sie werden feststellen, dass jeder von ihnen einen Hinweis auf das buchstäbliche, physische, materielle Heiligtum enthält. Für mich erscheint das schon schlüssig an sich, ganz abgesehen von anderen Anhaltspunkten, die angeführt werden könnten. Wie auch immer, dieser Punkt ist recht unwesentlich, da die Menschen des alten Bundes, wenn sie in die Stiftshütte oder in den Tempel Gottes gingen, in die Gegenwart Gottes traten. Wenn die

5 *Einheitsübersetzung der Heiligen Schrift* (Abk.: EÜ), Katholische Bibelanstalt GmbH, Stuttgart 1980.

6 *Die Bibel mit Erklärungen, Hans Bruns* (Abk.: Bruns), Brunnen Verlag, Gießen 1962.

Menschen in der Haushaltung des alten Bundes in den Tempel gingen, dann gingen sie dorthin, um Gott zu begegnen. Der Tempel war der Ort seines Ruhms und seiner Herrlichkeit. Auch unser Psalmist ging in das Heiligtum, um die Gegenwart Gottes zu suchen. Aber er ging zugleich – und es scheint mir wichtig, darauf hinzuweisen – in ein ganz konkretes Gebäude. „*... bis ich in das Heiligtum Gottes ging und auf ihr Ende achtgab.*" Der Psalmist war unglücklich, er war verwirrt; sein Problem drückte ihn schwer. Doch als er das Heiligtum aufsuchte, bekam er Klarheit. Er wurde aufgerichtet und konnte beginnen, die Leiter wieder hinaufzuklettern, um schließlich die höchste Sprosse zu erreichen und ohne Ausnahme sagen zu können: „*Nur gut ist Gott gegen Israel.*"

Auch aus diesen Versen können wir einiges ganz Wesentliches lernen. Zunächst einmal, das wäre der erste Punkt, ist es für einen Christen unbedingt notwendig, geistlich denken zu können. Ich möchte erklären, was ich damit meine. Bis zu diesem Moment hatte der Psalmist sein Problem ausschließlich aus seiner Sicht, von seinem eigenen Erkenntnisstand her beurteilt. Und das, so sagt er uns jetzt, war vollkommen falsch. Zweierlei hatte ihn bedrückt: das Wohlergehen der Gottlosen und die Schwierigkeiten der Gottesfürchtigen, insbesondere seine eigenen. Sein Denken sah etwa folgendermaßen aus: „Die Situation ist vollkommen klar und eindeutig. Tatsachen sind schließlich Tatsachen, man kann sie nicht ignorieren. Und wer auch nur einen Funken gesunden Menschenverstand besitzt, der achtet auf Tatsachen. Also kann da irgendetwas nicht stimmen. Ich kenne die Verheißungen Gottes; aber was ist aus ihnen geworden? Wenn Gottes Wort wirklich wahr ist, wie kann es mir dann so schlecht ergehen und den Gottlosen so gut?"

In diesem Stil überlegte er hin und her. Immer wieder blieb er an diesem Punkt stecken. Wir alle wissen, wie das abläuft. Man denkt über ein Problem nach, und die Gedanken drehen sich ständig im Kreis. Um sie zu vergessen, stürzt man sich in Arbeit, Vergnügen oder sonst etwas. Doch abends, im Bett, fängt alles von vorne an. „Mir geht es schlecht, und den Gottlosen geht es gut." Wieder dreht man sich im Kreis, und man überlegt: „Könnte es sein, dass ich einen Fehler mache? Nein, die Fakten sind zu offenkundig." So ging es dem Psalmisten. Er kam zu keinem Schluss. Aber woran lag das?

Dies ist nun ein ganz wichtiger Punkt. Der Hauptfehler des Psalmisten, so meine ich, bestand darin, dass er nur rational dachte, aber nicht geistlich. Und ich bitte sehr, mich hier nicht misszuverstehen.

Es könnte ja jemand versucht sein, zu sagen: „Aha, da haben wir es! Ich hab es doch schon immer gesagt: wer glaubt, denkt irrational." Aber dieser Rückschluss ist falsch. Es gibt zwar einen Unterschied zwischen geistlichem und rationalem Denken, aber das bedeutet noch lange nicht, dass geistliches Denken irrational wäre. Der Unterschied besteht vielmehr darin, dass das rationale Denken ausschließlich auf der Verstandesebene stattfindet, während das geistliche Denken wohl genauso rational ist, aber neben der Verstandesebene noch eine höhere umfasst. Es berücksichtigt sämtliche Gegebenheiten, nicht nur die für uns überschaubaren. Wir werden später noch ausführlicher darauf eingehen, aber ich weise an dieser Stelle schon einmal darauf hin, um deutlich zu machen, was ich meine, und indem ich den Kontrast aufzeige, der zwischen bloßem rationalen Denken und geistlichem Denken besteht.

Dies im Blick haltend möchte ich bestimmte Prinzipien formulieren. Als Erstes müssen wir feststellen, dass auch wir Christen ständig Gefahr laufen, in das rein rationale Denken zurückzugleiten, und zwar ohne es zu merken. Wir sind wiedergeboren, wir haben den Heiligen Geist empfangen, und dennoch besteht die ständige Gefahr, in eine Denkweise zurückzufallen, die mit dem christlichen Glauben nichts gemein hat. Der Psalmist war ein frommer, gottesfürchtiger Mann, der viele Erfahrungen mit Gott gemacht hatte. Und dennoch hat auch er unbewusst begonnen, wieder rational zu denken. Vielleicht wird das, was ich zum Ausdruck bringen will, noch klarer, wenn ich sage, dass für einen Christen das ganze Leben geistlichen Maßstäben unterliegen muss, nicht nur einzelne Teilbereiche.

Dem wird natürlich jeder Christ zustimmen, und er wird auch einsehen, dass sich das christliche Lebensverständnis grundsätzlich von dem rationalen unterscheidet. Denken wir nur einmal daran, was Paulus in Kapitel zwei des ersten Korintherbriefes schreibt. Er fragt, warum nicht alle Menschen Christen sind, warum die Herren dieser Welt Jesus Christus nicht anerkannten, als er auf dieser Erde lebte. Der Grund, so sagt er, besteht darin, dass sie den Heiligen Geist nicht empfangen hatten. Sie beurteilten Christus ausschließlich mit dem Verstand. Was sie sahen, war ein Mann vom Lande, ein Zimmermann, einer, der nicht durch die Schule der Pharisäer gegangen war. Und sie sagten sich, dass solch ein Mann unmöglich der Sohn Gottes sein könne. Warum? Weil sie einem rein rationalen Denken unterworfen waren. Sie taten genau das, was der Psalmist an dieser Stelle tut, wie ich Ihnen gezeigt habe.

Was die Herren dieser Welt betrifft und all die andern, die nicht an Christus glauben, so hat sich seitdem nichts geändert. Für sie ist Jesus von Nazareth noch immer nur ein Mensch, der geboren und in eine Krippe gelegt wurde, der lebte, aß und trank wie andere Menschen und von Beruf Zimmermann war. Schließlich wurde er völlig wehrlos an ein Kreuz genagelt. „Das sind die Fakten", sagen sie, „und da sollen wir glauben, dieser Mann sei der Sohn Gottes gewesen? Unmöglich!" Doch warum reden sie so? Weil auch ihr Denken sich nur auf der Verstandesebene vollzieht. Sie glauben an die Evolutionstheorie, und angesichts von Berichten über übernatürliche Dinge protestieren sie: „So etwas kann im evolutionären Prozess nicht vorkommen. Solche Dinge sind unmöglich." Das ist rationales Denken. Man spricht mit ihnen über die Wiedergeburt, und sie erklären: „So etwas ist natürlich völlig ausgeschlossen. Wunder gibt es nicht. Wir haben Naturgesetze. Wer über Wunder spricht, verleugnet sie." Und Matthew Arnold meint kurz und bündig: „Wunder können nicht geschehen, deshalb sind sie auch nicht geschehen." Das ist rationales Denken.

Nun sind wir uns sicher alle darüber einig, dass ein Mensch, bevor er ein Christ werden kann, aufhören muss, so zu denken. Er hat eine neue Denkweise nötig; er muss anfangen, geistlich zu denken. Das Erste, was mit uns geschieht, wenn wir Christen werden, ist, dass wir in einer ganz anderen Weise denken. Wir befinden uns auf einer anderen Ebene. Mit anderen Worten, sobald wir geistlich zu denken anfangen, sind Wunder, Wiedergeburt und Versöhnung mit Gott kein Problem mehr. Wir besitzen ein neues Verständnis, wir denken geistlich. Als unser Herr zu nächtlicher Stunde von Nikodemus aufgesucht wurde, sagte dieser: „Meister, ich habe deine Wundertaten beobachtet. Du musst ein von Gott gesandter Lehrer sein; niemand kann das tun, was du tust, es sei denn, Gott ist mit ihm." Und beinahe hätte er wohl hinzugefügt: „Sag mir, wie du es machst. Welche Erklärung hast du dafür?" Doch unser Herr schaute ihn nur an und erwiderte: „... *Wahrlich, wahrlich, ich sage dir: Wenn jemand nicht von neuem geboren wird, so kann er das Reich Gottes nicht sehen!*", und: „... *Ihr müsst von neuem geboren werden!*" (Joh 3,3.7). Das hieß im Grunde: „Lieber Nikodemus, wenn du meinst, du könntest das verstehen, bevor du es persönlich erlebt hast, irrst du dich gewaltig. Auf diese Weise wirst du niemals ein Christ werden. Du denkst rational. Du versuchst, geistliche Dinge mit deiner natürlichen Intelligenz zu ergründen. Doch das kannst du nicht. Auch du, ein gelehrter Israelit, musst zuerst von Neuem geboren werden.

Wenn du in Gottes Reich eintreten willst, musst du erst werden wie ein Kind. Du musst damit aufhören, dich auf dein menschlich natürliches Denkvermögen zu verlassen, und erkennen, dass du eine neue Denkweise, ein geistliches Denken brauchst. Du musst von Neuem geboren werden."

Dem wird jeder Christ zustimmen und es verstehen. Wir sagen, das Problem der Nichtchristen sei lediglich, dass sie die natürliche Denkweise, in der sie aufgewachsen und der sie verhaftet sind, einfach nicht aufgeben wollen. Natürlich, aber es geht mir darum, deutlich zu machen, dass sich dieser bewusste Wechsel des Denkens nicht nur auf den Beginn unseres Glaubenslebens beschränken darf, nicht nur auf die Fragen um Sündenvergebung und Wiedergeburt. Wenn wir einmal Christen geworden sind, dann haben wir unser gesamtes Leben immer wieder vom geistlichen Blickwinkel aus zu betrachten, nicht nur einzelne Fragen, nicht nur den Anfang.

An dieser Stelle hatte der Psalmist Schwierigkeiten, genauso wie viele von uns. Obwohl wir Christen wurden und auf einer geistlichen Ebene zu denken begannen, fielen wir doch wieder zurück auf die rationale Ebene, um einzelne Probleme wieder nur mit dem Verstand anzugehen. Anstatt unsere Probleme vom geistlichen Standpunkt aus zu durchdenken, fallen wir in eine Denkweise zurück, als wären wir lediglich Männer und Frauen, die das neue Leben aus Gott nicht besitzen. Dies ist ein Punkt, an dem wir unser Leben lang gefährdet sind. Wie oft schon ist es vorgekommen, dass mir Menschen von Schwierigkeiten und Problemen berichteten, und noch während sie sprachen, wurde mir klar, dass sie erneut in eine Denkweise auf der rationalen Ebene zurückfielen und ihre Schwierigkeiten letztlich nur darauf zurückzuführen waren. Nehmen wir einmal an, uns geschieht etwas, das wir nicht verstehen, und in uns erwacht Groll gegen Gott. Wir können sicher sein, dass wir bereits in diesem Augenblick in unserem Denken auf die rationale Ebene zurückgefallen sind. Wenn wir uns über etwas beklagen, was uns ungerecht erscheint, dann ziehen wir Gott auf die Ebene unseres menschlichen Verstandes herab. Das tut auch unser Psalmist. Aber wir müssen es lernen, unser gesamtes Leben aus einem geistlichen Blickwinkel heraus zu betrachten. Das ganze Leben hat einen geistlichen Hintergrund. Alles, was mit uns zu tun hat, muss daher geistlich verstanden werden – alle Phasen, Etappen, Belange und Entwicklungen unseres Lebens.

Ich möchte es noch anders ausdrücken: Die Probleme und Schwierigkeiten unseres Christseins sind letztlich alle geistlicher Natur.

Wer sich für Christus entscheidet, der muss alle seine bisherigen Denkmuster hinter sich lassen. Das gilt insbesondere im Blick auf die Wege Gottes mit uns. Darin lag auch das Problem des Psalmisten. Er fragte sich: „Warum tut Gott das? Warum lässt er es den Gottlosen so wohlergehen? Wenn er wirklich Gott ist, warum löscht er sie dann nicht ganz einfach aus? Und wenn er wirklich Gott ist, warum lässt er es dann zu, dass es mir jetzt so schlecht geht?" Gottes Wege zu verstehen, darin lag sein Problem. Doch darauf gibt es letztlich nur eine Antwort, und die finden wir in Jesaja 55,8. Dort heißt es: *„Denn meine Gedanken sind nicht eure Gedanken, und eure Wege sind nicht meine Wege, spricht der HERR."* So lautet die ultimative Antwort. „Wenn ihr euch anschickt, über mich und meine Wege nachzudenken", so sagt uns Gott, „dann müsst ihr zunächst einmal erkennen, dass ihr das nicht auf dem niedrigen Niveau tun könnt, auf dem ihr sonst denkt; denn meine Gedanken und meine Wege sind höher als die euren."

Müssen wir nicht auch bekennen, dass wir in diesem Punkt immer wieder schuldig werden? Wir halten an der Denkweise fest, wie sie Menschen haben, die das geistliche Leben aus Gott nicht besitzen. Wohl wissen wir, dass die Frage der Erlösung geistliches Denken erfordert. Aber wo es um unsere persönlichen Angelegenheiten geht, neigen wir nur allzu schnell dazu, wieder allein mit dem Verstand zu agieren. Es darf uns dann jedoch nicht überraschen, wenn wir die Wege Gottes nicht verstehen. Denn der Unterschied zwischen seinen Gedanken und den unseren ist ein Unterschied wie zwischen Tag und Nacht. Wenn uns also etwas widerfährt, was wir nicht verstehen, sollte unsere erste Frage sein: „Gehe ich das Problem auf geistliche Weise an? Bin ich mir bewusst, dass es hier um meine Beziehung zu Gott geht? Denke ich an diesem Punkt wirklich geistlich, oder bin ich unbewusst in mein natürliches menschliches Denkverhalten zurückgefallen?"

Dazu ein Beispiel. Es gibt einen Themenbereich, für den solche Rückfälle besonders typisch sind: die Politik. Bei wie vielen Christen habe ich das beobachten können! Sobald eine Diskussion ins Politische geht, argumentieren sie nur noch rational. Es scheint, als hätten sie alle geistlichen Erkenntnisse vergessen. Plötzlich kommen alle ihre menschlichen Vorurteile, alle Klassenunterschiede und jede Menge weltlicher Argumente zum Vorschein. Ihre Diskussionsbeiträge würden niemanden vermuten lassen, dass sie Christen sind. Spricht man mit ihnen über die Erlösung, so ist ihre Haltung eindeutig. Spricht man mit ihnen aber über ein so weltliches Thema wie die Politik, so verfallen sie in sämtliche Vorurteile des natürlichen Menschen, in seinen Stolz und in seine sehr irdische Sicht der Dinge. Als Christen müssen wir uns aber mahnen lassen, nicht die Welt mit allem, was in ihr ist, zu lieben, denn das weckt nur *„die körperliche Begierde, die Begehrlichkeit der Augen und die Überheblichkeit“* (1.Joh 2,16). Unser Leben muss konsequent sein und geistlich in allen Bereichen. Es sollte da keine Unstimmigkeiten geben. Der Christ muss alles von einem geistlichen Standpunkt aus betrachten.

Spurgeon sagte einmal zu seinen Studenten, sie müssten damit rechnen, dass Leute, die in den Gebetsstunden wie wahre Heilige beteten und sich auch sonst wie solche verhielten, in Kirchenratssitzungen plötzlich zu Teufeln werden können. Die Geschichte der Kirche zeigt leider, dass er nur allzu recht hatte. Im Gebet zu Gott denken sie geistlich. Aber sobald es ums Geschäftliche geht, selbst wenn es die Geschäfte der Kirche sind, werden sie geradezu bösartig. Warum? Weil sie von der völlig ungeistlichen Voraussetzung ausgehen, zwischen der Kirchenratssitzung und der Gebetsstunde bestehe ein wesentlicher Unterschied. Ihr Denken ist zweigeteilt, und hier kommt das zum Ausdruck. Sie vergessen, dass sie in allen Dingen geistlich denken sollten. Der erste Punkt, den wir uns merken wollen, lautet deshalb: Lerne, in allem geistlich zu denken. Wer das nicht tut, wird sich sehr bald in der gleichen gefährlichen Situation wiederfinden, die uns der Psalmist so ausführlich beschreibt.

Damit bin ich beim zweiten, sehr praktischen Prinzip. Wie können wir das geistliche Denken fördern? Wie können wir uns selbst dazu bringen, geistlich zu denken? Der Mangel auf diesem Gebiet ist doch offensichtlich unsere Not. Der Psalmist berichtet uns: *„So sann ich denn nach, um dies zu verstehen; aber es war vergebliche Mühe in meinen Augen – bis ich in das Heiligtum Gottes ging und auf ihr Ende achtgab.“* Was bedeutet das? Ich will es einmal so ausdrücken: Wir müssen lernen, uns selbst und unser Denken auf eine geistliche Dimension auszurichten. Wie das bei dem Psalmisten vor sich ging, wird uns geschildert. Er machte gewissermaßen einen psychologischen Prozess durch, den wir nun analysieren wollen. (Es gibt so etwas wie eine biblische Psychologie, auch wenn sie nur selten so genannt wird.) Was geschah im Verlauf dieses Prozesses?

Wir erinnern uns: Als ihm etwas auf der Zunge brannte, was nie ausgesprochen werden durfte, da dachte er an seine Glaubensbrüder. Das richtete ihn wieder auf und machte ihn ruhig; dieser Gedanke hielt ihn und bewahrte ihn. Dabei blieb er aber glücklicherweise nicht stehen. „Ich darf meine Glaubensbrüder nicht vergessen", sagte er sich, „aber wer sind sie? Wo finde ich sie? Ich will ins Heiligtum gehen. Dort habe ich sie noch stets angetroffen." Also eilte er dorthin. Er hatte sich vom Heiligtum ferngehalten, wozu wir alle neigen, wenn wir in ähnlichen Schwierigkeiten sind. Seine Gedanken hatten sich nur noch um ihn selbst gedreht, und er war in einen regelrechten Teufelskreis geraten. Kennen wir das nicht auch? Die Gedanken drehen und drehen sich; wir fühlen uns elend und unglücklich und wollen niemanden mehr sehen, schon gar nicht das Volk Gottes. Wir beschäftigen uns nur noch mit unserem Problem, den schweren Zeiten, die wir durchmachen. Wir haben das Gefühl, Gott sei nicht fair und behandle uns zu streng. Und wir werden immer unglücklicher, bejammern unser Los und drehen uns ständig im Kreise des Selbstmitleids. Doch in dessen Zentrum steht immer das Ich. Deshalb müssen wir zunächst einmal aufhören, uns fortwährend mit uns selbst zu beschäftigen.

Wie aber kann man aus diesem Teufelskreis ausbrechen? Am Beispiel des Psalmisten können wir drei Schritte ablesen. Er selbst nennt den ersten: der tatsächliche Gang zum Hause Gottes. Was ist das für ein wunderbarer Ort! Oft bringt allein der Gang dorthin schon Befreiung. Wie viele Male habe ich Gott dafür gedankt, dass es sein Haus gibt und dass er seinem Volk geboten hat, sich dort zu versammeln und gemeinsam anzubeten. Wie viele Male hat mich das Haus Gottes von den Wehwehchen meiner Seele befreit – einfach dadurch, dass ich es betreten habe. Gott selbst hat dieses Haus vorgesehen und eingerichtet, und diese Tatsache ist an sich schon bedeutungsvoll. Wer einmal darüber nachdenkt, wird sich gleich wohler fühlen. Er wird sich an die Geschichte dieses Hauses erinnern. Ihm fällt ein, dass die christliche Kirche seit langer, langer Zeit besteht. Er sieht sich selbst im Vergleich dazu; er, der zur Zeit ein schlimmes Problem hat. Und schon verlaufen seine Gedanken in ganz anderen Bahnen. Die Geschichte dieses Hauses lässt sich durch viele Jahrhunderte zurückverfolgen bis in die Zeit unseres Herrn. Zu welchem Zweck ist es errichtet worden? Welche Bedeutung hat es? Alle diese Fragen beweisen: Der Heilungsprozess hat begonnen.

Wir gehen also zum Hause Gottes, und zu unserem Erstaunen finden wir dort bereits Menschen vor. Das überrascht uns. In unserem privaten Elend und unserer Not waren wir zu dem Schluss gekommen, dass es mit dem Glauben wohl doch nichts auf sich habe und es sich kaum lohne, daran festzuhalten. Aber hier sind Menschen, die halten am Glauben fest, die meinen, es lohne sich. Und wir fühlen uns besser. Wir überlegen: Vielleicht hatte ich doch unrecht. Vielleicht haben diese Leute recht, die meinen, am Glauben sei etwas dran. Der Heilungsprozess ist im Gange.

Dann gehen wir noch einen Schritt weiter. Wir schauen uns in der Gemeinde um, und plötzlich fällt unser Blick auf jemanden, von dem wir wissen, dass er ungleich schwerere Zeiten durchgemacht hat als wir. Wir dachten, ein schlimmeres Problem als das unsere könne es auf der ganzen Welt nicht geben und niemand habe so leiden müssen wie wir. Hier aber sitzt eine arme Frau, vielleicht eine Witwe, die ihr einziges Kind verloren hat. Trotzdem ist sie da. Das rückt unser Problem in eine ganz neue Perspektive. Der große Apostel Paulus hat dafür, wie für so vieles andere, ein Wort: *„Keine Versuchung hat euch ergriffen als nur eine menschliche"* (1.Kor 10,13; Elb 06). Genau an diesem Punkt will der Teufel uns packen. Er will uns davon überzeugen, dass noch niemand eine solche Prüfung durchmachen musste. „Niemand hat je solche Probleme gekannt wie ich; niemand ist so behandelt worden wie ich!" Doch Paulus sagt: *„Keine Versuchung hat euch ergriffen als nur eine menschliche."* Sobald uns das bewusst wird, geht es uns besser. Wir alle kennen das. Wir sind seltsame Geschöpfe, und die Sünde hat befremdliche Auswirkungen auf uns. Es hilft uns immer, das eigene Leid besser zu ertragen, wenn wir hören, dass andere auch leiden, sei es körperlich oder seelisch. Die Erkenntnis, dass nicht nur wir alleine in einer solchen Situation sind, hilft uns, die Dinge im richtigen Verhältnis zu sehen. „Ich bin einer von vielen; auch andere Gotteskinder haben ähnliche Probleme." All das wird uns im Hause Gottes bewusst.

Schließlich erinnert uns der Gang ins Heiligtum auch an Dinge, die noch weiter zurückliegen. Während wir uns mit der Geschichte der Kirche befassen, fällt uns vielleicht etwas ein, was wir einmal in Büchern gelesen haben; irgendetwas aus dem Leben der Heiligen, von bedeutenden Männern, die die Geschichte unserer Kirche mitgeprägt haben. Und uns wird bewusst, dass sie Versuchungen, Leiden und Mühsale erlebt haben, angesichts derer unsere Probleme vor Bedeutungslosigkeit verblassen. Langsam geht es mit uns aufwärts. Wir sehen unser Problem im richtigen Zusammenhang. Das Haus Gottes, das Heiligtum des Herrn vermittelt uns die Erkenntnisse. Wer den Besuch dieses Hauses versäumt, handelt nicht nur gegen die Schrift, er ist auch – ich will es so deutlich sagen – ein Narr. Meine Erfahrungen im Pfarramt haben mir gezeigt, dass die, die nur unregelmäßig den Gottesdienst besuchen, oft am schwersten mit Problemen und Versuchungen zu kämpfen haben. Es liegt etwas in der Atmosphäre des Hauses Gottes. Wir sind aufgerufen, dorthin zu gehen, um seinem Volk zu begegnen. Gott hat es so bestimmt, nicht wir Menschen. Und wir sollen dort nicht nur seinem Volk begegnen, sondern vor allem ihn besser kennenlernen. Ja, mehr noch, wer jetzt den Besuch des Hauses Gottes versäumt, wird eines Tages eine weitere Enttäuschung erleben. Wenn der Herr wiederkommen wird, um die Seinen aufzuerwecken, wird er nicht dabei sein. Wie töricht ist der Christ, der nicht, so oft er kann, das Heiligtum Gottes aufsucht, und der nicht betrübt ist, wenn es einmal unmöglich ist.

Die Bibel ist nach dem Gang zum Heiligtum das Zweite, was uns hilft, geistlich zu denken. Der Psalmist und die Menschen seiner Zeit besaßen das Wort Gottes natürlich noch nicht in seiner jetzigen Form. Heute ist es uns nicht nur im Heiligtum zugänglich, sondern überall. Ob wir uns zu Hause oder in der Kirche mit ihm beschäftigen, ist gleichgültig. In jedem Fall wird es uns auf unzählige Weise helfen, geistlich zu denken. Einer der Gründe, warum Gott uns sein Wort gegeben hat, besteht zum Beispiel darin, dass er uns in Problemen wie dem vorliegenden helfen will. Schauen wir uns nur einmal unseren Psalm an. Kann es uns nicht schon zurechthelfen, wenn wir lesen, was dieser Mann durchgemacht hat? Das gilt für alle biblischen Geschichten. Doch Gott vermittelt uns seine Lehren nicht nur auf diesem Wege. Wer beginnt, die Bibel aufmerksam zu lesen, der wird aufs Neue an Gottes barmherzige Pläne mit dem Menschen erinnert. Und schon schämen wir uns unserer unwürdigen Gedanken. So wirkt die Heilige Schrift auf verschiedene Weisen, doch immer mit dem gleichen Ziel.

Sie nimmt auch ausführlich zum Leiden der Gottesfürchtigen Stellung. Paulus schreibt an Timotheus, der schnell bereit war, zu jammern und zu klagen, wenn etwas fehlschlug: *„Und alle, die gottesfürchtig leben wollen in Christus Jesus, werden Verfolgung erleiden“* (2.Tim 3,12). Das konnte Timotheus nicht verstehen. Er hatte Angst, als er sah, wie die Knechte Gottes verfolgt wurden, und manch einer hat seitdem ähnlich empfunden. Wiederum erklärt Paulus den jungen Gemeinden, sie würden durch „viele Bedrängnisse“ in das Königreich Gottes eingehen (siehe Apg 14,22). Wenn wir diese Aussagen begreifen, dann werden wir über die Dinge, die uns widerfahren, nicht erstaunt sein. Im Gegenteil. Wir werden bald dahin gelangen, dass wir damit rechnen und uns

Gedanken kommen wie dieser: „Wenn ich keine Schwierigkeiten habe, dann kann irgendetwas nicht stimmen. Warum geht es mir so gut?"

Die Bibel eröffnet uns eine neue, geistliche Dimension. Je mehr wir in ihr lesen, desto stärker lösen wir uns von unserer rationalen Denkweise und desto besser lernen wir es, nach geistlichen Gesichtspunkten zu urteilen.

Nun noch ein kurzes Wort zum dritten Schritt, zu Gebet und zum Nachsinnen. Beides geschieht im Heiligtum. So begab sich der Psalmist nicht nur in ein Gebäude, er begab sich auch in die Gegenwart Gottes. Das Heiligtum ist der Ort, an dem die Ehre Gottes wohnt, an dem er seinem Volk begegnet. Wer Gott dort von Angesicht zu Angesicht gegenübertritt und über ihn nachdenkt, der wird endgültig von der niedrigen Ebene des rationalen Denkens befreit und lernt es wieder neu, geistlich zu denken.

Einige mögen überrascht sein, dass ich nicht zum Gebet begonnen oder es zumindest früher erwähnt habe. Ich kenne nämlich eine ganze Reihe von Christen, die haben auf jede Frage eine Standard-Antwort, und die lautet: „Bete darüber!" Wenn der Psalmist oder ein Mensch in einer ähnlichen Lage zu ihnen käme, würden sie ihm raten: „Geh und bete darüber!" Doch das ist ein oberflächlicher und falscher Rat, und das behaupte ich von einer christlichen Kanzel herunter! – „Aber ist es denn falsch, einem Menschen zu raten, er solle sein Problem zu einem Gebetsanliegen machen?", wendet jetzt jemand ein. Diese Frage ist berechtigt, und ich sage darauf: Falsch ist es nicht, aber mitunter völlig nutzlos. Damit meine ich Folgendes: Das Problem des Psalmisten bestand in gewisser Hinsicht darin, dass er mit seinen Gedanken über Gott so durcheinander geraten war, dass er nicht mehr zu ihm beten konnte. Wenn uns Gottes Wege so verwirren, dass wir keinen klaren Gedanken mehr fassen können, woher sollen wir dann die Kraft nehmen zu beten? Wir haben sie nicht. Bevor wir wirklich beten können, müssen wir es lernen, geistlich zu denken. Nichts ist sinnloser als dieses oberflächliche Gerede über das Beten, so als sei das Gebet etwas, in das man sich jederzeit und auf der Stelle vertiefen könnte.

Um Kritik an meinen Worten vorzubeugen, möchte ich einen der größten Beter zitieren, den die Welt je gekannt hat, George Müller aus Bristol. In einer Ansprache vor Pastoren, in der es besonders um die Frage des Gebets ging, berichtete er Folgendes: Lange Jahre seines Lebens hindurch begann er jeden Morgen mit Gebet. Mit der Zeit sei ihm jedoch die Erkenntnis gekommen, dass dies nicht der beste Weg sei. Um wirklich echt und geistlich beten zu können, musste er vom Geist erfüllt, musste er vorbereitet sein. Er hatte entdeckt, dass es sehr hilfreich war, vor dem Beten einen Abschnitt aus der Heiligen Schrift und vielleicht aus einem Andachtsbuch zu lesen, und empfahl das auch seinen Zuhörern. Mit anderen Worten: Er hatte gemerkt, dass er selbst und sein Geist zunächst die richtige Ausrichtung haben mussten, bevor er mit Gott sprechen konnte.

Genau diese Erfahrung machte auch unser Psalmist. Er befand sich in einem Teufelskreis; die Gedanken drehten sich in seinem Kopf, und so konnte er nicht beten. Wir haben jedoch gesehen, wie sein Denken zurechtgerückt wurde, bis er schließlich in einer Verfassung war, in der ihm das Beten wieder möglich wurde. Wir verschwenden häufig unsere Zeit in dem Glauben, wir beteten, und tun es in Wirklichkeit gar nicht. Oft ist es nur ein Herausschreien unserer Verzweiflung. Unser Denken, unsere ganze Einstellung sind verkehrt, und so können wir nicht beten. Wir müssen uns Zeit lassen. Erst wenn wir die Gegenwart Gottes wahrnehmen, ist unser Gebet tatsächlich ein Gespräch mit ihm. Seine Gegenwart aber nehmen wir erst wahr, wenn unsere Gedanken über ihn geordnet sind. Paulus schrieb den Philippern: *„Denn wir sind die Beschneidung, die wir Gott im Geist dienen und uns in Christus Jesus rühmen und nicht auf Fleisch vertrauen“* (Phil 3,3). Wir müssen „im Geist“ beten. Wir müssen geistlich vorbereitet sein, und das heißt: Unser Denken muss gerade und aufrichtig sein.

Die Anordnung dieser Schritte stimmt also: der Gang zum Hause Gottes, das Lesen in seinem Wort, das Gebet zu ihm und die Gemeinschaft mit ihm. Wenn wir erkannt haben, dass unsere bisherigen Gedanken gotteslästerlich und falsch waren, wenn unser Geist gereinigt und geläutert ist, dann können wir uns Gott zuwenden, und unser Geist findet Ruhe. Das ist ein weiterer Schritt oder vielmehr der Anfang auf dem Weg zur Genesung, der freilich noch lange nicht zu Ende ist. Wichtig ist, dass wir erst einmal festen Grund unter die Füße bekommen. Dann können wir sagen: „Ich war in Trübsal, ‚*bis ich in das Heiligtum Gottes ging*‘, und begegnete ihm dort von Angesicht zu Angesicht.“

# 4.

## Den Tatsachen ins Auge schauen

***„So sann ich denn nach, um dies zu verstehen; aber es war vergebliche Mühe in meinen Augen – bis ich in das Heiligtum Gottes ging und auf ihr Ende achtgab"***

(Psalm 73,16-17)

Der Gang zum Heiligtum war keineswegs das Ende des Genesungsprozesses, den der Psalmist durchmachte; aber er war ein sehr wichtiger Schritt. Er bewirkte, dass seine Gedanken wieder in die richtigen Bahnen gelenkt wurden. Doch der Psalmist machte noch weitere Erfahrungen. Er berichtet uns: *„Da sann ich nach, um das zu begreifen; es war eine Qual für mich, bis ich dann eintrat ins Heiligtum Gottes und begriff, wie sie enden"* (EÜ).

Es kommt uns hier besonders auf das Wort „begriff" an. In einer anderen Übersetzung heißt es „erkannte" (GNB[7]). In beiden Begriffen ist eine weitere wichtige Grundregel unseres Glaubens enthalten, die wir leider nur allzu schnell vergessen. Wenn wir ins Heiligtum Gottes gehen, dann nicht nur, um eine schöne Atmosphäre zu erleben. Als dieser Mann in Gottes Heiligtum ging, wurde ihm *Einsicht und Verständnis* verliehen. Er hat sich nicht nur ein bisschen besser gefühlt, sondern

7 *Gute Nachricht Bibel* (Abk.: GNB), Revidierte Fassung 1997 der „Bibel in heutigem Deutsch", durchgesehene Ausgabe in neuer Rechtschreibung, Deutsche Bibelgesellschaft, Stuttgart 2000.

seine Gedanken wurden auch neu geordnet. Sein Problem geriet nicht nur vorübergehend in Vergessenheit, er fand eine Lösung.

Das ist ein so wichtiger Punkt! Der Glaube darf für uns nie die Funktion einer Droge haben. Leider ist er das für manche Menschen. Der Vorwurf, Glaube und Religion sei nichts anderes als „Opium für das Volk“, ist nur allzuoft berechtigt. Für viele sind das Haus Gottes und der Gottesdienst nichts anderes als ein Ort und ein Geschehen, bei dem sie vorübergehend ihre Sorgen vergessen können. Deshalb ist für sie das ästhetische Moment so wichtig: ein harmonischer Gottesdienst in einer schönen Umgebung. Die Auslegung der Wahrheit interessiert sie nicht so sehr. Sie legen Wert auf eine kurze Predigt. Was sie wünschen, ist eine beruhigende Allgemeinwirkung, die sie für die Dauer des Gottesdienstes ihre Sorgen vergessen lässt. „Wie schön ist es heute wieder gewesen!“, sagen sie. Das ist freilich nicht der Glaube der Bibel. „*... und begriff, wie sie enden*.“ Dem Psalmisten ging es nicht deshalb besser, weil er wegen der schönen Orgelklänge, der herrlichen Glasfenster und des warmen Lichts vorübergehend seine Sorgen vergaß. Nein, mit ihm geschah etwas ganz anderes, nicht auf der emotionalen, sondern auf der rationalen Ebene: *„...und begriff, wie sie enden.“* Sein Verstand begann zu arbeiten.

Der Glaube war nie dazu bestimmt, nur eine allgemeine Wirkung hervorzurufen. Die Bibel offenbart uns die Wege Gottes mit den Menschen. Sie will uns Einsicht geben. Wenn uns unsere Glaubenspraxis kein Verständnis gibt, kann es gut sein, dass sie uns eher schadet, und wir sollten sie besser vergessen. Das muss ich, glaube ich, nicht weiter betonen. Es gibt vielerlei Möglichkeiten, wie wir uns vorübergehend besser fühlen können. Wir können manches tun, um unsere Sorgen zu vergessen. Die einen gehen ins Kino, die andern in die Kneipe an der Ecke, und noch andere greifen nach der Whiskyflasche, die sie bei sich zu Hause aufbewahren. Das alles bewirkt, dass sie sich wohl und glücklich fühlen; die Probleme erscheinen nicht mehr so drängend. Manche schließen sich auch Sekten an, wie zum Beispiel der Christlichen Wissenschaft, die, nüchtern betrachtet, reinen Unsinn lehrt. Gleichwohl fühlen sich die Leute dort häufig „wohler“. Es gibt viele Möglichkeiten, sich für eine begrenzte Zeit Erleichterung zu verschaffen. Die Frage ist nur: Geben sie uns Verständnis; helfen sie uns wirklich, unsere Schwierigkeiten zu durchschauen?

Nun haben wir gesehen, dass es tatsächlich möglich ist, im Hause Gottes falschen Trost zu finden. Manche Menschen sind anscheinend der Meinung, man gehe dorthin, um eine bestimmte Art von Liedern mit solcher Ausdauer zu singen, bis man beinahe in einen Rauschzustand gerät. Ja, der ganze Gottesdienst kann so auf eine gewisse „Konditionierung" abzielen. Man gerät unter emotionale Einflüsse, und man fühlt sich besser. Im weltlichen Bereich geschieht so etwas häufig. Man lässt die Leute zu entsprechender Musik lustige Lieder singen, und schon sind sie in Hochstimmung und fühlen sich, zumindest für den Augenblick, blendend. Dabei kann der Teufel selbst die Hand im Spiel haben. Denn der Wert solcher Erfahrungen lässt sich nicht daran messen, ob ich mich danach besser fühle oder nicht, sondern ob sie mir Einsicht schenken. „*... und begriff, wie sie enden.*"

Wir wollen niemals vergessen, dass die Botschaft der Bibel in erster Linie an unseren Verstand gerichtet ist. Vermutlich ist kein Aspekt des Evangeliums beglückender als dies. Es vermittelt mir nicht nur gefühlsmäßige Erfahrungen, sondern es befähigt mich, das Leben zu verstehen. Ich verfüge über Wissen, ich kann erkennen. Ich kann Gründe angeben für die Hoffnung, die in mir ist. Wenn ich andern berichte, *„dass ich blind war und jetzt sehend bin"* (Joh 9,25), dann weiß ich, warum und weshalb. Ich kann Gründe für die Hoffnung anführen, die in mir ist.

Dem Herrn sei Dank, dass der Psalmist im Heiligtum eine Erklärung fand. Er empfand nicht nur vorübergehende Erleichterung; er bekam nicht nur eine Spritze, die kurzfristig den Schmerz linderte, am Problem selbst aber gar nichts änderte. Denn dann wäre er später, nach dem Abklingen der Spritze, genauso weit gewesen wie vorher. Nein, so war es nicht. Er erlebte vielmehr, wie seine Gedanken im Tempel Gottes eine neue Ausrichtung bekamen. Und als er nach Hause ging, dachte er in dieser Richtung weiter. Das Ende war, dass er diesen Psalm schrieb!

Einsicht und Verständnis, darum geht es! Wissen wir, an wen wir glauben? Wissen wir, was wir glauben? Sind wir wirklich an christlicher Lehre interessiert? Wonach sehnen wir uns am meisten? Einfach nur nach Glück oder nach der Erkenntnis der Wahrheit? Diese Frage ist eine der dringlichsten, die einem Christen gestellt werden kann. Gott verhüte, dass wir zu Leuten werden, die nur auf Unterhaltung aus sind und einen kirchlichen Service genießen, der ihnen genau das anbietet! Ich sage das ganz bewusst, denn diese Gefahr ist sehr real. Ich hatte einmal an einer berühmten Glaubenskonferenz zu sprechen. Vier Tage war ich dort. Zu Beginn eines jeden Gottesdienstes hörte man vierzig Minuten lang die unterschiedlichsten musikalischen Darbietungen. Aber nicht ein einziges

Mal während der ganzen Konferenz vernahm man eine Schriftlesung. Ähnliches erlebte ein Freund von mir in einer großen Kirche. In der Veranstaltung, der er beiwohnte, wurden einige Gemeindeglieder aufs Missionsfeld ausgesandt, außerdem wurde das Abendmahl gefeiert. Man hörte zwei Chorlieder, drei Sologesänge und ein sehr kurzes Gebet. Aus der Heiligen Schrift wurde überhaupt nicht vorgelesen. Dabei hatte die Kirche, in der das alles stattfand, im evangelikalen Bereich einen guten Ruf. Aber durch musikalische Unterhaltung und die Reduzierung von Schriftlesungen und -auslegungen auf ein Minimum kann man keine Glaubenserkenntnisse sammeln. Das ist nur eine Karikatur der biblischen Gottesdienstgemeinde. *„... und begriff, wie sie enden."* Weil viele nichts „begreifen", hört man sie unentwegt jammern und klagen; weil sie nichts „begreifen", fehlt ihnen das Verständnis für die Zeit, in der sie leben.

Das ist also das Erste, was der Gang ins Heiligtum bei dem Psalmisten bewirkte: Das gab ihm Verständnis und Einsicht und er konnte wieder Fuß fassen. Wie geht es nun weiter? Die Erfahrungen, die er im Heiligtum machte, lenkten seine Gedanken wieder in die richtige Richtung. Mit anderen Worten, es darf nicht nur bei einer Verlagerung des Denkens von der rationalen auf die geistliche Ebene bleiben; auch die Gedanken selbst müssen bis ins Detail korrigiert werden.

Der Psalmist berichtet uns, wie das in seinem Fall geschah. Zunächst wurden einige allgemeine Fehler seines Denkens korrigiert. Dann fährt er fort und schildert uns, wie einzelne, bestimmte Aspekte seines Denkens zurechtgerückt wurden. Im Moment wollen wir uns hauptsächlich mit den allgemeinen Denkfehlern befassen. Als Erstes kommt es für uns darauf an, zu lernen, ganzheitlich und nicht nur partiell zu denken. Der Fall des Psalmisten war gebremst worden, trotzdem war er immer noch unglücklich, denn seine Grübeleien bereiteten ihm Qualen. Das änderte sich erst, als er in das Heiligtum Gottes ging. *„... und begriff, wie sie enden."* Das war es, was er vergessen hatte. Plötzlich wurde ihm klar, dass seine Überlegungen unvollständig gewesen waren.

Ich vermute, dass eines unserer Kernprobleme darin besteht, dass wir geneigt sind, partiell und unvollständig zu denken. Matthew Arnold sagte einmal von jemandem, dass er „das Leben ausgewogen und als Ganzes" betrachte. Man kann einem Menschen kein größeres Kompliment machen, als dies von ihm zu behaupten! Ich glaube, es war der verstorbene Earl of Oxford und Asquith, der einmal gesagt hat, das größte Talent, das ein Mensch besitzen könne, sei die Fähigkeit zum

„kubischen“ Denken – so nannte er es –, die Fähigkeit, sämtliche Seiten eines Gegenstandes in den Blick zu bekommen. Die Wahrheit gleicht einem Würfel, und man muss alle Seiten sehen. Dass wir das in den meisten Fällen nicht können, ist unser großes Problem. Der Psalmist zum Beispiel war dazu offensichtlich nicht in der Lage. Er sah immer nur die eine Seite, sonst nichts. Das beschäftigte ihn und lähmte ihn. Aber was geschah, als er in das Heiligtum Gottes ging? Er begann, auch andere Seiten zu sehen. Er lernte, die Dinge als Ganzes zu betrachten und nicht nur einzelne Teilbereiche.

In diesen Zusammenhang gehört auch das Problem mit den Vorurteilen. Wir alle sind Geschöpfe voller Vorurteile, und die meisten Irrtümer im Leben sind auf menschliche Voreingenommenheit zurückzuführen. Wer vorurteilt, schließt alle Aspekte der Wahrheit aus – bis auf einen einzigen. Er will – und kann – die andern gar nicht sehen. Wer zu Vorurteilen neigt, verrät in der Regel selbst die Ursache seines Problems. Sein Standardsatz lautet: „Das habe ich schon immer gesagt!“ Genau das ist es! Eine andere Seite will er gar nicht sehen. Das Vorurteil bewirkt, dass er sich auf einen einzigen Aspekt konzentriert und nicht mehr davon abrückt. Infolgedessen ist er für alles andere blind. Viele Tragödien der Menschheit und sicher auch die meisten unserer Irrtümer sind auf eine solche Haltung zurückzuführen.

Nun wage ich zu behaupten, dass im Grunde jeder Mensch, wenn er nicht Christ ist, mehr oder weniger Vorurteilen verfällt; denn er hat nicht die Gesamtsituation im Blick. Das erklärt viele der Fehler, die die Menschen machen. Nehmen wir zum Beispiel den Materialismus. Er ist längst nicht mehr so populär wie in früheren Zeiten. Doch gegen Ende des letzten Jahrhunderts war er die vorherrschende Weltanschauung. Alles wurde durch ihn und mit ihm erklärt. Das änderte sich mit dem Aufkommen der Atomphysik. Sie brachte im Grunde das gesamte materialistische Weltbild zum Einsturz, denn sie fand heraus, dass selbst feste Körper voller Bewegung und Energie sind. Nichts ist statisch oder ruhend. Überall gibt es Kräfte, mächtige Kräfte; und was wir Materie nennen, ist nichts anderes als eine atomare Energie, die die Dinge zusammenhält. Hätte das jemand vor über hundert Jahren behauptet, wäre ihm das als Verrat an der Wissenschaft angelastet worden. Der Materialismus hatte eben die Oberhand. Der Grund dafür war, dass seine Verfechter nur eine Seite im Blick hatten, sie kannten noch nicht alle Fakten. Heute muss der Materialismus anderem weichen.

Ähnliches wäre aus dem Bereich der Medizin zu berichten. Noch bis vor kurzer Zeit konzentrierten sich die Ärzte auf die organischen

Schäden eines Menschen oder auf einzelne Teile seines Körpers. Der Patient als Mensch wurde ignoriert. Heute ist es modern – denn auch in der Medizin gibt es Modeerscheinungen –, von psychosomatischen Erkrankungen zu reden. Endlich haben nun auch die Mediziner entdeckt, dass der Patient als Mensch wichtig ist. Früher interessierte sich der Arzt nur für die Magenschmerzen, die er auf lokale Störungen zurückführte, wie zum Beispiel übermäßige Magensäure. Wenn mich damals in meiner Studentenzeit jemand gefragt hätte, welches die häufigste Ursache für Magenschmerzen sei, und ich hätte geantwortet: „Sorgen und Ängste", so hätte man mich für leicht verrückt gehalten und meine Antwort als unwissenschaftlich abgetan. Heute freilich weiß man, dass die Antwort richtig ist. Der Körper eines Menschen und seine Funktionen sind mehr als nur physikalische Phänomene. Wenn es um die Gesundheit geht, ist auch der Geist von Bedeutung. Angst, Sorgen oder Ähnliches bewirken, dass das Gehirn bestimmte Botschaften an die betroffenen Körperteile aussendet. Unser Körper ist mehr als bloße Materie. Die Bedeutung der Psyche wird heute immer stärker wahrgenommen. Das geistliche Element freilich wird immer noch nicht anerkannt. Gott schenke den Menschen bald die Erkenntnis, dass der Geist ebenso wichtig ist wie die Psyche.

Auch die Vorstellung vom Menschen als einer ökonomischen Einheit beruht auf einer Täuschung. Auch hier wird wieder nur ein Aspekt gesehen; und wer behauptet, dieser Aspekt enthalte die ganze Wahrheit, unterliegt einem Vorurteil. Er übersieht die anderen Fakten, die ebenso wichtig sind; aber da er sich nun der Ökonomie verschrieben hat, ist für ihn auch der Mensch ein ökonomisches Problem. „Nein", sagt ein anderer, „er ist nicht ein ökonomisches, sondern ein biologisches Problem. Die Persönlichkeit und das Verhalten eines Menschen lassen sich aufgrund seines Hormonhaushaltes erklären."

Noch andere behaupten, all das sei vollkommen verkehrt. Der Mensch sei in erster Linie ein Vernunftwesen. Sie sehen in ihm den reinen Intellekt, umgeben von einem Vakuum, durch und durch rational, ohne jeden weiteren Zusatz. Ich möchte darauf jetzt nicht näher eingehen; aber eines ist ganz offensichtlich: Alle diese Theorien kranken daran, dass sie nur eine Seite, nur einen Aspekt im Blick haben und ihre Lösungen deshalb nur unvollkommene Teillösungen sind. Was sie und viele andere außer Acht lassen, ist das Leben selbst. Sie vergessen, dass der Mensch empfindet, dass er Gefühle hat und dass gerade sie ein wesentlicher Teil unseres Lebens sind. Lust, Begierden, Sünde, ohne sie wäre das Bild unvollständig. Sie alle machen uns zu dem, was wir sind, und das Leben zu dem, was es ist. „Es gibt mehr Ding im Himmel und auf Erden, als eure Schulweisheit sich träumen lässt", so drückte Shakespeare es aus.[8] Und so müsste man es auch den modernen Menschen sagen. In seinem Gedicht *Bishop Blougram's Apology* findet Browning eine noch bessere Formulierung. Er lässt ein Gespräch stattfinden zwischen dem alten Bischof und einem jungen Journalisten, der mit dem christlichen Glauben nicht mehr zufrieden ist. Der junge Mann will alles selbst neu durchdenken. Er will mit allem brechen, was er bis dahin gelernt hat. Er will sich die Dinge selbst erarbeiten, er will seine eigene Philosophie aufstellen. Da sagt der alte Bischof ungefähr Folgendes: „Wissen Sie, ich war auch einmal so jung wie Sie und habe das Gleiche getan. Ich meinte, ich hätte alles verstanden. Ich fügte die Teile zusammen in mein eigenes Schema, meine Lebensphilosophie. Ich hielt sie für absolut unwiderlegbar, doch – ‚Gerade dann, wenn wir am sichersten sind, ist da ein Hauch von Sonnenuntergang'. Gerade dann, wenn wir meinen, wir hätten das Leben im Griff, wenn wir glauben, unsere Weltanschauung sei lückenlos:

> Just wenn we're safest, there's a sunset-touch,
> A fancy from a flower-bell, some one's death,
> A chorus-ending from Euripides,
> And that's enough for fifty hopes and fears, –
> The grand Perhaps.

> Gerade dann, wenn wir am sichersten sind,
> ist da ein Hauch von Sonnenuntergang,
> eine Ahnung von einer Blütenglocke, jemandes Tod,
> Ein Chorgesang von Euripides,
> Und das reicht für fünfzig Hoffnungen und Ängste, –
> Das große Vielleicht.

Verstehen wir, was Browning sagt? Mit unserer Vernunft entwerfen wir unsere Lebensphilosophie und glauben, alles erklären zu können und für alles vorgesorgt zu haben. Doch gerade, wenn wir soweit sind, machen wir vielleicht einen Spaziergang und erleben einen Sonnenuntergang, einen herrlichen, goldenen Sonnenuntergang, der uns in einer Weise berührt, die wir uns nicht erklären können. Oder es ist „eine Ahnung

8 Shakespeare, Hamlet, 1. Aufzug, 5. Auftritt.

von einer Blütenglocke, jemandes Tod". Unsere Lebensphilosophie bietet dafür keine Erklärung. Über all dem hängt ein Geheimnis, das wir nicht begreifen können. „Das große Vielleicht!" Da ist noch etwas anderes, jenseits von allem, was wir verstehen können – „und das reicht für fünfzig Hoffnungen und Ängste, – das große Vielleicht". Tennyson drückt es so aus:

Our little Systems have their day;
They have their day and cease to be:
They are but broken lights of thee,
And thou, O Lord, are more than they.

Unsere kleinen Systeme, sie währen einen Tag;
Sie währen einen Tag und vergeh'n:
Sind nur gebrochene Strahlen von dir,
Und du, O Herr, bist mehr.

Das alles erkennt der Mensch im Heiligtum Gottes. Er fängt an, die Dinge in ihrer Ganzheit zu betrachten. Er wird erinnert an das, was er vergessen oder ignoriert hatte. Der Apostel Paulus schildert das sehr eindrücklich. Es hatte für ihn Zeiten gegeben, in denen er den Namen Jesus von Nazareth gehasst und dessen Anhänger verfolgt hatte. Er glaubte, Gott mit der Ermordung der Christen einen Dienst zu erweisen. Doch als er ihm selbst begegnete und ihn kennenlernte, wurde alles neu; und auf sein altes Leben zurückblickend, sagte er: *„Ich meinte freilich bei mir selbst, gegen den Namen Jesu, des Nazoräers, viel Feindseliges tun zu müssen"* (Apg 26,9; Elb 06). Genau das ist es! Er „meinte bei sich selbst", anstatt mit Christus zu denken. Das war ein Vorurteil. *„Ich meinte freilich bei mir selbst."* Solange wir „bei uns selbst denken", werden wir das Leben nie in der richtigen Perspektive sehen.

Beruhen nicht darauf die vielen Probleme der heutigen Zeit? Ich habe einmal ein Buch gelesen, in dem es darum ging, wie das Leben in unserem Lande zu ordnen und zu führen sei. Es war ein sehr kluges und überzeugend geschriebenes Buch. Das Konzept, das es für die soziale und ökonomische Struktur unseres Landes entwarf, schien perfekt. Doch es hatte einen Fehler: Der Verfasser wusste nichts über die Lehre von der Sünde. Wären die Menschen unseres Landes alle sündlos, dann wäre sein Konzept richtig. Aber er hatte vergessen, dass Männer und Frauen nicht von Idealen leben, sondern von ihren Sehnsüchten;

dass sie von dem beherrscht werden, was sie sich wünschen und was sie wollen; dass sie Leidenschaften und Begierden haben. Wir alle sind Geschöpfe voller Gier und Neid, voller Durst und Sinnlichkeit. So sind wir beschaffen. Der Autor hatte den Menschen selbst vergessen. Und in diesem Vergessen liegt die Ursache für das Scheitern sämtlicher idealistischer Systeme, die je von Menschen erdacht worden sind. Man kann planen, den Krieg abzuschaffen und einen dauerhaften Frieden in der Welt zu errichten. In der Theorie sind solche Pläne einwandfrei. Aber sie übersehen die Habsucht des Menschen und seine Begierden. Sie vergessen, dass die menschliche Natur, ja selbst der menschliche Geist nicht so vollkommen sind. Man kann eine perfekte Ordnung entwerfen, aber da braucht nur jemand zu kommen – vielleicht sogar ein Mitglied der Planungsgruppe selbst – und einen Sonderwunsch zu äußern, und schon bricht die ganze Ordnung in sich zusammen.

Wir müssen alle Fakten im Blick haben. *„... und begriff, wie sie enden."* Der Psalmist hatte manche Gesichtspunkte außer Acht gelassen, manches hatte er gar nicht wahrgenommen. Doch das sollten wir nicht tun. Wir wollen alle Gegebenheiten berücksichtigen. Wir wollen ganzheitlich denken. Wir wollen uns selbst als ein Ganzes sehen. Wir wollen die Verdorbenheit unserer eigenen menschlichen Natur ebenso wahrnehmen wie die Tatsache, dass wir nicht nur Körper sind. Es gibt noch andere Faktoren, und wer diese nicht berücksichtigt, wird das Leben niemals wirklich verstehen. Heben wir unsere Augen auf zu dem geheimnisvollen Universum und versuchen wir, es zu erklären! Überlegen wir, wie wir da hineinpassen! Schauen wir sein Geheimnis und beginnen wir zu staunen! Können wir das wirklich alles auf die materielle Ebene reduzieren? Natürlich nicht; selbst ein Naturwissenschaftler vermag das nicht. Oder schauen wir in ein Geschichtsbuch! Verfolgen wir den Lauf des Weltgeschehens. Können wir es wirklich in den Begriffen der Evolution erklären? Wie töricht sind doch alle, die behaupten, die Menschheit entwickle sich ständig zum Besseren. Können wir angesichts der täglichen Zeitungsmeldungen tatsächlich glauben, der Mensch sei weiser als früher? Müssen wir, wenn wir die Geschichte verfolgen und in ihrer Gesamtheit betrachten, nicht erkennen, dass der Mensch sich noch immer genauso verhält, wie es der Sünder immer getan hat?

Wir aber wollen auf Christus schauen. Wir wollen sein Leben und seine Taten betrachten. Wir wollen vor sein Kreuz treten und versuchen, es zu erklären. Wir wollen auf die Geschichte der Christenheit, auf die Märtyrer und die Heiligen blicken. Wir wollen alles in uns aufnehmen und uns nicht mit weniger als dem Ganzen zufriedengeben. Wir wollen vor den Höchsten treten, vor Gott. Unser Problem ist letztlich unsere Unfähigkeit, ganzheitlich zu denken. Wenn wir nicht alle Aspekte berücksichtigen, wenn wir nicht alle Fakten im Blick haben, gehen wir unweigerlich in die Irre. Dem, der gegenüber Gott und dem Leben Groll, der für sich selbst Mitleid empfindet, habe ich nur das eine zu sagen: „Beeile dich! Geh ins Heiligtum! Erinnere dich der Dinge, die du vergessen hast, und lass nichts außer Acht!"

Und noch etwas müssen wir bedenken. Dem Psalmisten war nicht nur klargeworden, dass er in seinen Überlegungen so manches unberücksichtigt gelassen hatte, er merkte auch, dass er die Dinge nicht bis zum Ende gedacht hatte. Ihm war immer nur das Wohlergehen der Gottlosen ins Auge gefallen. Nun aber, im Heiligtum Gottes, kann er mit einem Mal sagen: *„... bis ich in das Heiligtum Gottes ging und auf ihr Ende achtgab."*

Hinter diesen Worten verbirgt sich eine wichtige biblische Aussage. Jakobus schreibt dazu: *„Von Hiobs standhaftem Ausharren habt ihr gehört, und ihr habt das Ende gesehen, das der Herr für ihn bereitet hat"* (Jak 5,11). Der Mann Hiob durchlebte schreckliche Zeiten, und er konnte einfach nicht verstehen, was mit ihm geschah. Er dachte nicht bis zu dem Ende, das ihm der Herr bereiten wollte. Im letzten Kapitel des Buches Hiob lesen wir jedoch, was das für ein Ende war. Hiob, dem alles genommen worden war, bekam zu guter Letzt mehr, als er je gehabt hatte. Das war das Ende, das der Herr ihm bereitete. Wir sollten bis zum Ende vordringen. Wir dürfen nicht auf halber Strecke stehenbleiben. Das sagt uns auch der Schreiber von Psalm 37: *„Ich sah einen Gottlosen, der war gewalttätig und breitete sich aus wie ein grünender, tief wurzelnder Baum. Aber als man wieder vorbeiging, da war er nicht mehr; ich suchte ihn, doch er war nicht mehr zu finden"* (Ps 37,35-36). Und er fährt fort: *„Achte auf den Unschuldigen und sieh auf den Aufrichtigen; [denn das Ende eines solchen Menschen ist Friede]"* (Vers 37; letzter Versteil nach der KJV). Das Ende und seine Bedeutung werden in der Bibel immer wieder hervorgehoben.

Besonders eindrücklich mahnt uns der Herr in der Bergpredigt. Dort sagt er: *„Geht ein durch die enge Pforte! Denn die Pforte ist weit und der Weg ist breit, der ins Verderben führt; und viele sind es, die da hineingehen. Denn die Pforte ist eng und der Weg ist schmal, der zum Leben führt; und wenige sind es, die ihn finden"* (Mt 7,13-14). Sehen wir uns den breiten Weg nur einmal an. Wie schön ist er! Man kann bequem der Menge folgen, man kann tun, was die andern tun, alle lachen und machen ihre Witze. Breit und bequem sind Pforte und Weg. Alles sieht so prächtig aus. Und der andere wirkt so jämmerlich: *„Denn die Pforte ist eng ...“* Da passt immer nur einer hindurch, man muss sich persönlich entscheiden, man muss sein Ich bekämpfen und das Kreuz aufnehmen. *„Denn die Pforte ist eng und der Weg ist schmal ...“* Weil die Menschen immer nur auf den Anfang achten, gehen so viele auf dem breiten Weg. Sie schauen nicht auf das Ende. *„Denn die Pforte ist weit und der Weg ist breit, der ins Verderben führt.“* Hingegen ist *„die Pforte ... eng und der Weg ist schmal“*, aber – und das ist das Ende – er führt „zum Leben“.

Das Ende des einen ist die Verdammnis, das Ende des anderen das Leben. Die Menschen heute schauen immer nur auf den Anfang, und das ist ihr Problem. Ihr Bild vom Leben entspricht dem, was uns Kino und Filmstars vormalen. Es wirkt anziehend, und allen, die so leben, scheint es immer nur gutzugehen. Unzählige junge Menschen wachsen in der Vorstellung auf, das sei das wahre Leben; das sei das höchste Glück auf Erden. Doch schauen wir uns ihr Ende an. Sehen wir, wie sie zum Scheidungsrichter rennen und die Ehe zu einer Art gesetzlich sanktionierter Prostitution herabwürdigen? Viele sind aufgrund ihrer Selbstsucht unwürdig, Kinder zu haben, und weil sie nicht wissen, wie sie sie aufziehen sollen. Die meisten Menschen lassen sich von dem äußeren Schein blenden. Sie sehen nur den Anfang. Sie beachten nicht, wie das Ende eines solchen Lebens aussieht, sie verschwenden darauf keinen Gedanken. Doch was die Bibel immer wieder sagt, ist so wahr wie eh und je: Das Ende heißt Verdammnis.

Es gibt nichts Hoffnungsloseres als die Bankrotterklärung einer nichtchristlichen Weltanschauung. Charles Darwin, der Verfasser von *Über die Entstehung der Arten*, gestand am Ende seiner Tage, wegen seiner ausschließlichen Beschäftigung mit nur einem Aspekt des Lebens habe er die Fähigkeit verloren, sich an schönen Dingen wie Dichtung und Musik zu erfreuen; selbst die Natur vermochte er nicht mehr so zu schätzen wie früher. Armer Charles Darwin! In jungen Jahren hatte er viel Freude an Gedichten gehabt. Im Alter konnten sie ihm nichts mehr geben, und auch die Musik hatte ihren Reiz für ihn verloren. Um sich auf die Details eines einzigen Lebensbereiches konzentrieren zu können, hatte er sein Gesichtsfeld ganz bewusst eingeschränkt und so verhindert, dass der herrliche Anblick des Ganzen zu ihm sprach. Das Ende von H.G. Wells war ähnlich. Er, der dem menschlichen Geist so viel zugetraut und sich über die christliche Lehre von der Schuld und der Versöhnung mit Gott lustig gemacht hatte, bekannte am Ende seines Lebens, er sei vollständig verwirrt und verunsichert. Allein schon der Titel seines letzten Buches *Mind at the End of its Tether* (Geist am Ende seiner Möglichkeiten) bestätigt in eindrucksvoller Weise die Aussage der Bibel über das tragische Ende der Gottlosen. Ein weiteres Beispiel finden wir in der Autobiografie des Rationalisten Dr. Marrett, ehemals Leiter eines Colleges in Oxford: „Mir jedoch brachte der Krieg das plötzliche Ende des langen Sommers meines Lebens. Von nun an habe ich nichts anderes mehr zu erwarten als einen kalten Herbst und einen noch kälteren Winter. Dennoch muss ich irgendwie versuchen, nicht den Mut zu verlieren." Der Tod der Gottlosen ist schrecklich. Das sagen uns ihre Biografien. Ihre Glanzzeiten sind vorbei. Was bleibt ihnen noch? Sie haben nichts mehr, worauf sie sich freuen können, und versuchen sich damit zu trösten, dass sie immer wieder von ihren vergangenen Erfolgen und Triumphen erzählen. Das ist das Ende der Gottlosen.

Vergleichen wir damit das Leben der Gottesfürchtigen, das auf den ersten Blick so eng und ärmlich aussieht. Selbst ein käuflicher Prophet wie Bileam, so schlecht er auch war, hatte etwas davon verstanden: *„Meine Seele sterbe den Tod der Gerechten, und mein Ende soll dem ihren gleichen!"* (4.Mose 23,10). Das heißt doch: „Das muss ich zugeben, die Gottesfürchtigen verstehen zu sterben; ich wünschte, ich könnte genauso sterben." Im Buch der Sprüche lesen wir: *„Der Weg der Gottlosen ist dichte Finsternis."* Doch *„der Pfad des Gerechten ist wie der Glanz des Morgenlichts, das immer heller leuchtet bis zum vollen Tag"* (Spr 4,19.18). Und lesen wir noch einmal, was der Psalmist in Psalm 37,37 sagt: *„Achte auf den Unschuldigen und sieh auf den Aufrichtigen; denn für den Mann des Friedens gibt es eine Zukunft!"* Oder hören wir, was der Apostel Paulus schreibt. Trotz aller Trübsale und Verfolgungen, trotz aller Versuchungen und Enttäuschungen, die er erleiden musste, konnte er angesichts seines Todes sagen: *„Denn ich werde schon geopfert, und die Zeit meines Aufbruchs ist nahe. Ich habe den guten Kampf gekämpft, den Lauf vollendet, den Glauben bewahrt. Von nun an liegt für mich die Krone der Gerechtigkeit bereit, die mir der Herr, der gerechte Richter, an jenem Tag zuerkennen wird, nicht aber mir allein, sondern auch allen, die seine Erscheinung lieb gewonnen haben"* (2.Tim 4,6-8). So sollte man sterben. So sollte man auf das Ende zugehen. Eines der stolzesten Worte, die John Wesley über seine Methodisten gesagt hat, lauten: „Unsere Leute sterben gut."

Die Bibel drängt uns immer wieder, unser Ende zu bedenken. Wir sollen nicht nur unsere gegenwärtigen Probleme im Blick haben, wenn wir zur Kirche gehen, sondern auch unseren Tod. „Das Ende." Wie schön wäre es, wenn wir alle ihm mit der Bereitschaft des Paulus entgegensehen und mit dem Apostel sagen könnten: *„Von nun an liegt für mich die Krone der Gerechtigkeit bereit, die mir der Herr, der gerechte Richter, an jenem Tag zuerkennen wird."* Um das nachsprechen und der Krone sicher sein zu können, müssen wir erst einmal beide Wege in ihrer Gesamtheit sehen. Dann aber müssen wir zu Gott gehen, ihm unsere Blindheit, unsere Vorurteile und unser törichtes Vertrauen auf unseren eigenen Verstand eingestehen und ihn bitten, uns anzunehmen. Sagen wir ihm, dass wir die Botschaft von Jesus Christus annehmen, die Botschaft von seinem Sohn, der in diese Welt kam, um für unsere Sünden und zu unserer Erlösung zu sterben. Geben wir uns ihm ganz hin. Verlassen wir uns auf ihn und seine Kraft. Liefern wir uns ihm in Christus vorbehaltlos aus. Dann werden wir das Leben in einer Ganzheit und einem Reichtum schauen, der uns bislang völlig unbekannt war. Das Ende wird herrlich sein. Unser Pfad wird sein wie ein glänzendes Licht, das immer stärker leuchtet, wie finster es in der Welt auch sein mag. Selbst im Schatten des Todes nimmt sein Strahlen zu, bis zum Tag der Vollendung. *„... und auf ihr Ende achtgab."*

# 5.

# Das Verständnis wächst

***„Fürwahr, du stellst sie auf schlüpfrigen Boden; du lässt sie fallen, dass sie in Trümmer sinken. Wie sind sie so plötzlich verwüstet worden! Sie sind untergegangen und haben ein Ende mit Schrecken genommen. Wie man einen Traum nach dem Erwachen verschmäht, so wirst du, o Herr, wenn du dich aufmachst, ihr Bild verschmähen"***

(Psalm 73,18-20)

Wir haben bis jetzt gesehen, wie das Denken des Psalmisten ganz allgemein in die richtige Richtung gelenkt wurde. Jetzt wollen wir dazu übergehen und darüber nachdenken, wie sein Denken auch in ganz bestimmten einzelnen Fragen zurechtgebracht wurde.

Wir haben im letzten Kapitel bereits gesehen, dass sein Denken im Blick auf die Gottlosen äußerst fehlerhaft war. Dann ging er in den Tempel, und dort begann er nachzudenken. Er besann sich auf die Geschichte des Volkes Gottes und auf alle Feinde und Hindernisse, die es überwinden musste. Immer endeten die Berichte damit, dass Gott sein Volk befreite und seine Feinde in die Flucht schlug. Uns heute bietet die Geschichte der christlichen Kirche den gleichen Anschauungsunterricht. Lord Macaulay hat einmal gesagt: „Niemand, der über die Vergangenheit korrekt informiert ist, wird die Gegenwart mit mürrischem oder verzagtem Blick betrachten können." Wenn das schon im Allgemeinen gilt, wie viel mehr trifft es dann auf den christlichen Glauben zu. Es ist unserer Uninformiertheit über die Geschichte der Christenheit und insbesondere über die biblischen Zeugnisse zuzuschreiben, dass wir so häufig steckenbleiben oder verzweifeln wollen.

Was aber lehrt die Bibel uns hier konkret? Zunächst einmal berichtet sie von tatsächlichen Geschehnissen. Wir können uns die Berichte von der Flut, von Sodom und Gomorrha, von den Philistern, Assyrern, Babyloniern und Belsazar gar nicht oft genug in Erinnerung rufen. Sie alle bezeugen immer wieder nur das eine: den Triumph Gottes über seine Feinde. Doch weit überragt werden sie von dem wichtigsten Zeugnis der Bibel, dem Bericht von der Auferstehung Jesu und dem endgültigen Sieg Gottes über Satan und seine Mächte. In der Apostelgeschichte finden wir die weitere Geschichte dieses Sieges. Die Offenbarung schließlich gibt uns einen großen Ausblick auf seine Vollendung.

Auch die Geschichte der Christenheit berichtet nichts anderes. Wir wissen, was mit den Juden, den Römern und all denen geschehen ist, die versucht haben, die christliche Kirche auszulöschen. Wir alle kennen auch die Geschichte der Märtyrer und frühen Bekenner unseres Glaubens, der Waldenser, der ersten Protestanten, der Puritaner und vieler anderer. Selbst das Jahrhundert, in dem wir leben, bietet uns viele Beispiele.

Die Bibel gibt aber nicht nur die geschichtlichen Ereignisse wieder, sie hilft uns auch, die Geschichte zu verstehen, und zeigt uns gewisse Grundlinien. Die erste lautet, dass alle Dinge, selbst die bösen Mächte, in Gottes Hand sind. Der Psalmist deutet das in Vers 18 an: *„Fürwahr, du stellst sie auf schlüpfrigen Boden."* Sie sind nicht so selbständig, wie sie meinen. Nichts geschieht losgelöst von Gott. *„Der HERR regiert als König"* (Ps 99,1). *„Durch mich herrschen die Könige"* (Spr 8,15). Es ist für uns ungeheuer wichtig, die Lehre von der göttlichen Vorsehung zu verstehen, die wie folgt definiert werden kann: „Der unaufhörliche Einsatz der göttlichen Kraft, durch die der Schöpfer alle seine Geschöpfe erhält, zeigt sich in allem, was in der Welt geschieht, und führt alle Dinge zu ihrem vorbestimmten Ende." So könnte man die Vorsehung definieren. Gott steht über allem, wie wir in Psalm 76,11 lesen: *„Denn der Zorn des Menschen muss dich preisen, mit dem Rest der Zornesflammen gürtest du dich."* In diesem Zusammenhang müssen wir uns daran erinnern, dass Gottes Wille vieles zulässt. Wir können das zwar oft nicht verstehen; aber er lässt gewisse Dinge geschehen, damit sie seinen eigenen Zielen dienen. So lehrt es die Bibel.

Noch etwas anderes wird uns an dieser Stelle deutlich: Die Lage der Gottlosen ist immer unsicher und gefährlich. Sie stehen auf „schlüpfrigem Boden". Alles, was sie haben, ist vergänglich. Der Psalmist erkannte plötzlich, was Mose sah, als er es vorzog, *„mit dem Volk Gottes Bedrängnis zu erleiden, anstatt den vergänglichen Genuss der Sünde zu haben"* (Hebr 11,25). Alter und Verfall, Tod und Gericht sind unausweichlich. Das Schreckliche an der Sünde ist, dass sie den Menschen für diese Tatsache blind macht. Er sieht nicht, dass sein Prunk und Ruhm nur kurze Zeit dauert.

*„Der HERR regiert als König – die Völker erzittern."* Das erkannte der Psalmist in Gottes Heiligtum in einer solchen Deutlichkeit, dass er nicht nur aufhörte, die Gottlosen zu beneiden, sondern offenbar sogar anfing, sie zu bedauern, als ihm die Wahrheit über ihren Zustand klar wurde. So wurde seine Vorstellung von den Gottlosen zurechtgerückt. Und es gibt vielleicht keinen besseren Beweis für die Echtheit unseres christlichen Zeugnisses als dieses: Empfinden auch wir Mitleid für die Gottlosen in ihrer Blindheit? Geht es uns nahe, wenn wir sie als Herde ohne Hirten sehen?

Doch nun wollen wir mit dem Psalmisten einen Schritt weitergehen. Nicht nur seine Ansichten über die Gottlosen wurden zurechtgerückt, sondern auch seine Gedanken über Gott selbst. Wir haben gesehen, wie sein Denken über Gott ernsthaft in die falsche Richtung ging, weil er auf falsche Weise damit begann, über die Gottlosen nachzudenken. Dadurch kam er an den Punkt, wo er sogar Gott selbst in Frage stellte und an ihm zweifelte. *„Ganz umsonst habe ich mein Herz rein erhalten und meine Hände in Unschuld gewaschen"* (Vers 13). Mit anderen Worten: „Ich habe versucht, Gott zu gehorchen, aber es scheint sich nicht auszuzahlen. Ist Gott wirklich, was er zu sein behauptet?" Solche Überlegungen sind in der Tat schlimm, und wir wollen uns ausführlich mit ihnen beschäftigen. Der Psalmist hat uns bereits gesagt, wie sein Denken über Gott korrigiert wurde: *„Fürwahr, du stellst sie auf schlüpfrigen Boden."* In dem Augenblick, in dem er Gott mit „du" anredet, so spürt man, verändert sich die ganze Situation.

Was aber wurde im Einzelnen korrigiert? Zunächst einmal war es seine Einstellung zum Wesen Gottes; denn an nichts Geringerem hatte er schließlich gezweifelt. Viele Psalmisten bekennen mit einer uns fremden und erstaunlichen Offenheit, dass sie dieser Versuchung erlegen sind. In Psalm 77 heißt es zum Beispiel: *„Wird denn der Herr auf ewig verstoßen und niemals wieder gnädig sein? Ist's denn ganz* *und gar aus mit seiner Gnade, und ist die Verheißung zunichte für alle Geschlechter? Hat denn Gott vergessen, gnädig zu sein …?*" (Verse 8-10). Das waren die Fragen, die nicht nur sie sich stellten, sondern, wie ich bereits erwähnte, auch viele Heilige, wenn die Anfechtungen zu groß wurden. Genauso fragt auch der Psalmist in diesen Versen, ob Gott sich überhaupt noch kümmere, und wenn ja, warum er die Dinge dann nicht zu einem Ende bringe? Sollte er dazu nicht in der Lage sein? So führen die Zweifel über das Wesen Gottes zu Zweifeln an seiner Macht.

Wie oft schon haben Menschen solche Fragen gestellt! Wie oft wurde im letzten Weltkrieg geklagt: „Warum lässt Gott einen Mann wie Hitler überhaupt leben? Wenn er Gott und wirklich allmächtig ist, warum streckt er ihn nicht einfach nieder?" Und wie von selbst folgte darauf die Frage: „Ist Gott vielleicht nicht fähig?" Oder: „Ist unsere Vorstellung von Gott falsch? Haben wir uns über seine Gnade, sein Erbarmen und seine Güte Illusionen gemacht? Warum vernichtet er nicht die Menschen, die ihm und seinem Volk feindlich gesinnt sind?" So lauten die Fragen, die uns in Zeiten der Versuchung umtreiben.

Auch unser Psalmist wurde von ihnen heimgesucht. Aber er findet die Antwort. Er erinnert sich an die Größe und Macht Gottes: *„Fürwahr, du stellst sie auf schlüpfrigen Boden"*, und schon sieht er alles im rechten Licht. Es gibt nichts, worüber Gott nicht Herr wäre. Viele Psalmen, wie Psalm 50, drücken diese Wahrheit aus. Es ist eines der zentralen Themen der Bibel. Gottes Macht ist unbegrenzt. Er ist ewig in all seiner Gewalt und Größe. *„Denn er sprach, und es geschah; er gebot, und es stand da"* (Ps 33,9). Alles schuf er aus dem Nichts; er erhält das Universum. Lesen wir nur einmal im Buch Hiob, besonders Kapitel 38, und wir werden sehen, wie eindrucksvoll Gottes Macht geschildert wird.

*„Im Anfang schuf Gott."* Das ist eine fundamentale Aussage; und sie wird überall in der Bibel bestätigt. Ganz gleich, was in der Welt geschieht, wir können es nicht einfach damit erklären, dass Gott nicht in der Lage sei, einzugreifen, dass Gott nicht fähig sei, manches zu verhindern. Seine Macht ist unbegrenzt. Er ist absolut. Er ist der ewige Gott, dem alle Dinge auf Erden wie ein Nichts sind. Ihm gehört alles; er regiert und herrscht über alles; alle Dinge sind in seiner Hand. *„Der HERR regiert als König."* Das war die erste Korrektur, die der Psalmist erfuhr.

Die zweite betraf seine Zweifel an der Gerechtigkeit Gottes. Das entspricht der Reihenfolge, in der auch uns die Fragen überfallen. Wenn

Gott die Macht hat, warum übt er sie nicht aus? Wenn Gott in der Lage ist, alle seine Feinde zu vernichten, warum lässt er sie dann trotzdem gewähren? Warum lässt er es zu, dass es den Gottlosen gutgeht? Wo bleiben sein Recht und seine Gerechtigkeit? Die Antwort finden wir bei Abraham: *„Sollte der Richter der ganzen Erde nicht gerecht richten?"* (1.Mose 18,25). Das ist eine Aussage, die nicht weniger fundamental ist als die über die Größe und Majestät Gottes. Gott ist in Ewigkeit gerecht. Er kann sich nicht ändern. Er kann nicht (und das sage ich in aller Ehrfurcht, denn es gehört zu dem, was wir über seine Heiligkeit wissen) – er kann nicht ungerecht sein. Das ist nicht möglich.

Jakobus formuliert es so: *„Niemand sage, wenn er versucht wird: Ich werde von Gott versucht. Denn Gott kann nicht versucht werden zum Bösen, und er selbst versucht auch niemand."* Er ist der *„Vater der Lichter, bei dem keine Veränderung ist, noch ein Schatten infolge von Wechsel"* (Jak 1,13.17). Wenn irgendeine Veränderung oder ein Wechsel in Gott möglich wären, dann wäre er nicht mehr Gott. Der Gott, der sich uns geoffenbart hat, ist von Ewigkeit zu Ewigkeit derselbe. Er ändert sich nie, er wandelt sich nie. Abraham hatte recht, als er sagte: *„Sollte der Richter der ganzen Erde nicht gerecht richten?"* Er kann nicht anders. Diese Erkenntnis muss uns so tief ins Bewusstsein eindringen, dass es uns jedesmal, wenn wir – ob durch den Teufel, unsere eigenen Probleme oder irgendwelche Umstände, deren der Teufel sich bedient – versucht werden, die Gerechtigkeit Gottes anzuzweifeln, sofort klar wird: im Grunde unterstellen wir Gott damit, er könne sich ändern und wandeln. Doch das ist unmöglich. Gott ist Gott – und darum kann sich seine Gerechtigkeit nicht ändern, darum gibt es bei ihm weder Unrecht noch Ungerechtigkeit.

Doch wir müssen noch weitergehen. Der Psalmist gelangte schließlich an den Punkt, wo er erkannte, dass auch der Bund und die Verheißungen Gottes verlässlich und für alle Zeiten gültig sind. Gott ist nicht nur gerecht, er hat sich auch dem Menschen gegenüber verpflichtet. Er hat ihm bestimmte Verheißungen gegeben. Deshalb lautet eine weitere Grundaussage der Bibel: Die Verheißungen Gottes sind immer gewiss und zuverlässig; was er versprochen hat, wird er auch halten. Paulus spricht zu Titus von einem *„Gott, der nicht lügen kann"* (Tit 1,2). Er kann es gar nicht, weil er Gott ist. Wenn er ein Versprechen gibt, wird er es mit Sicherheit erfüllen. All seine Verheißungen sind absolut, und alles, was er gesagt hat, wird er tun.

Und meines Glaubens Unterpfand
ist, was er selbst verheißen,
dass nichts mich seiner starken Hand
soll je und je entreißen.
Was er verspricht,
das bricht er nicht;
er bleibet meine Zuversicht,
ich will ihn ewig preisen.[9]

Für den Psalmisten hatte dies eine ganz besondere Bedeutung, denn als Angehöriger des Volkes Gottes kannte er Gottes Bund. Er kannte die Verheißungen, die Gott seinem Volk gegeben hatte; er wusste, wie Gott sich immer wieder zu seinem Volk bekannt hatte. Er hatte ihnen gesagt, sie seien sein spezielles, sein *„besonderes Eigentum"* (Tit 2,14) und er habe ein besonderes Interesse an ihnen, er liebe sie und sorge sich um ihr Glück und ihr Wohlergehen; er werde über sie wachen und sie segnen, bis er sie schließlich zu sich nehmen wird.

Genau das hatte der Psalmist beinahe in Frage gestellt: „Wenn das alles stimmt, warum geht es mir dann so schlecht?" Die Antwort bekommt er hier im Heiligtum Gottes. Jetzt wird ihm deutlich, wie falsch sein Verhalten war, und er erkennt, dass Gott handelt, sowohl indirekt als auch direkt. Wenn wir weiterlesen, merken wir, wie er darüber nachgedacht hat: *„Und dennoch bleibe ich stets bei dir; du hältst mich bei meiner rechten Hand. Du leitest mich nach deinem Rat und nimmst mich danach in Herrlichkeit auf!"* (Verse 23-24). Jetzt ist ihm alles klargeworden, jetzt weiß er, worum es geht, und er kann seinen Psalm mit den Worten beginnen: *„Nur gut ist Gott gegen Israel."* Auch wenn aller Anschein dagegen spricht, Gott ist immer gut zu Israel. Niemals bricht er sein Versprechen. Das sind die Grundaussagen, von denen auch wir in unserem Verhältnis zu Gott nie abweichen dürfen. Und selbst wenn alles dagegen spricht, nie dürfen wir uns dazu hinreißen lassen, diese Wahrheiten in Frage zu stellen.

So wurde das Denken des Psalmisten über Gott und insbesondere über das Wesen Gottes korrigiert. Die Frage, die uns am meisten beschäftigt, ist freilich noch immer nicht beantwortet. Wenn ich weiß, dass Gott alle Macht besitzt, dass ihm keine Grenzen gesetzt sind, dass er stets gerecht ist und treu zu seinen Verheißungen steht, muss ich mich dann nicht erst recht fragen: Wie kann er die Gottlosen blühen

9 Text: Philipp Spitta 1833.

und gedeihen lassen, während die Gottesfürchtigen so häufig leiden müssen? Das ist doch die Kernfrage, die die Menschen seit jeher bewegt und die wahrscheinlich auch heute wieder von Millionen in allen Teilen der Welt gestellt wird. Warum lässt Gott das zu?

Auch darauf fand der Psalmist im Heiligtum Gottes eine Antwort – eine höchst interessante Antwort, der wir nicht nur in vielen Psalmen, sondern auch an anderen Stellen der Heiligen Schrift begegnen. Hier ist sie in ein Bild gekleidet, das wir als recht gewagten Anthropomorphismus[10] bezeichnen müssen: Gott, so erklärt uns der Psalmist, scheint eine Zeit lang zu schlafen. *„Wie man einen Traum nach dem Erwachen verschmäht, so wirst du, o Herr, wenn du dich aufmachst, ihr Bild verschmähen"* (Vers 20). In dem Bemühen, das zu vermitteln, was er im Heiligtum erkannt hat, bedient sich der Psalmist einer Erfahrung aus dem menschlichen Leben. Weil unser Denken und unsere Sprache so begrenzt sind, benutzt er ein Bild aus unserem Erlebnisbereich. Gott kann nicht schlafen; aber er erscheint wie ein Schlafender. Es ist nicht so, dass er nicht genug Macht hätte, doch im Augenblick schläft er. Es ist auch nicht so, dass er vergessen hätte, gnädig zu sein, er schläft.

In Psalm 74, Vers 22 finden wir eine ähnliche Aussage. Sein Verfasser berichtet zunächst von der verzweifelten Lage der Kirche, die vom Feind überrannt und beinahe in Trümmer gelegt worden ist; und dann fügt er ein Gebet an: *„Steh auf, o Gott, führe deine Sache hinaus!"* Das klingt, als frage er Gott: „Warum wirst du nicht wach? Steh auf, o Gott!" Auch dahinter verbirgt sich derselbe Gedanke. In Psalm 44, Vers 24 heißt es sogar ganz direkt: *„Erwache! Warum schläfst du, Herr? Wache auf! Verwirf uns nicht auf ewig!"* (Elb 06). Das ist der Ruf eines Verzweifelten. Er sieht die Verwüstung, die der Feind anrichtet; er sieht den Erfolg der Gottlosen und das Leid der Gottesfürchtigen. Er weiß, Gott ist gerecht und allmächtig, deshalb ruft er ihm zu: „Wache auf, Herr! Warum schläfst du? Warum behauptest du dich nicht?" Hinter alledem steckt eine Vorstellung von Gott, mit der wir uns nun ausführlich auseinandersetzen wollen.

Warum scheint Gott zu schlafen? Bevor ich von der Bibel her darauf zu antworten versuche, möchte ich etwas abschweifen, um zu zeigen, wie ungeheuer inkonsequent oft die Leute sind, die Gottes Wesen und Macht so leichtfertig in Zweifel ziehen. Wie oft wird etwa argumentiert: „Wenn Gott wirklich Gott ist, wenn er wirklich mächtig, barmherzig

10 Anthropomorphismus bezeichnet die Übertragung menschlicher Gestalt und menschlicher Verhaltensweisen auf nichtmenschliche Dinge oder Wesen, besonders in der Gottesvorstellung.

und gnädig ist, warum hat er dann einen Mann wie Hitler nicht gleich zu Beginn seines Regimes zunichte gemacht? Warum hat er ihn und alle seine Helfershelfer nicht ausgelöscht und damit der Welt viel Leid erspart? Warum hat er sich nicht durchgesetzt?“ So oder ähnlich lauten die Vorwürfe. Und doch pochen oft gerade die Leute, die so fragen, auf der anderen Seite lautstark auf das, was sie den freien Willen des Menschen nennen. Wenn sie in einer Predigt von den Lehren der Gnade hören und dabei Begriffe wie „Prädestination“ und „Auserwählte“ fallen, sind sie die Ersten, die protestieren: „Ich habe einen freien Willen! Ich habe das Recht, mit meinem Leben zu machen, was ich will!“ Gleichzeitig jedoch verlangen gerade sie, Gott solle über andere Menschen seine Macht ausüben. Wir können aber nicht beides haben. Wenn wir wollen, dass Gott sich in bestimmten Dingen durchsetzt, dann muss er sich in allem durchsetzen können, nicht nur in dem, was wir ihm zugestehen. Die Argumentation dieser Menschen ist einfach unlogisch. Im Blick auf andere erwarten sie, dass Gott seine Macht ausübt und eingreift. Wo es aber um sie selbst geht, sagen sie: „Es ist wirklich falsch von Gott, über mich zu bestimmen. Schließlich bin ich ein freier Mensch. Es muss mir erlaubt sein, zu tun, was ich will. Ich bin frei, ich muss meine Freiheit haben.“ Ja, sie müssen ihre Freiheit haben; dem andern aber wird sie nicht zugestanden.

Doch zurück zu unserer Frage. Warum hat es den Anschein, als schlafe Gott? Warum lässt er es zu, dass es dem Gottlosen so gutgeht? Die Bibel gibt uns darauf unmissverständliche Antworten. Zunächst einmal lässt Gott den Dingen häufig deshalb ihren Lauf, damit sich die Sünde als das offenbart, was sie ist; damit sie zutage treten und in all ihrer Hässlichkeit sichtbar werden kann. Nachlesen können wir das zum Beispiel im ersten Kapitel des Römerbriefes. Dort zeichnet Paulus ein eindrucksvolles Bild vom Verfall der Menschheit (Vers 18-32). Er hat dabei die Gesellschaft seiner Zeit vor Augen. Er beschreibt die ganze Hässlichkeit und Schändlichkeit des damaligen Lebens; er zählt die furchtbaren Sünden, die sexuellen Perversionen und vielen anderen Erscheinungen auf, die für das Leben seiner Zeit typisch waren. Die Ursache all dieser Missstände, so erklärt er, liegt darin, dass Gott die Menschheit, die den Schöpfer durch das Geschöpf ersetzte und sich gegen sein heiliges Gesetz auflehnte, „dahingegeben [hat] in unwürdige Gesinnung“. Er hat seinen zügelnden Einfluss von ihr genommen. Er hat es zugelassen, dass die Sünde ihren Lauf nahm und sich als das offenbarte, was sie ist.

Das ist ein Tatbestand, an den wir heute dringend erinnert werden müssen. Dem moralischen Zustand unseres Landes wird ja wieder große Aufmerksamkeit gewidmet, und das mit Recht. Warum aber ist das so nötig? Die Antwort ist noch immer die gleiche! Unsere Väter und Vorväter haben sich von Gott abgewandt. Sie stellten – sogar von den Kanzeln herunter – die Autorität der Heiligen Schrift in Frage und machten den Menschen zur Autorität. Was der Mensch über die Bibel sagt, was der Mensch über Gott und die Moral denkt, das wurde wichtig; nicht mehr das, was Gott über den Menschen denkt. Sie setzten den Menschen als Autorität ein und lehnten die Autorität Gottes ab. Heute ernten wir die Folgen. Gott hat uns gewarnt: „Nun gut. Ich werde euch gehen lassen, damit ihr seht, wohin euch eure Weisheit und eure Philosophie führen." Wir beginnen heute langsam zu verstehen, was Sünde wirklich ist. Sie offenbart sich in all ihrer Hässlichkeit. Wir sehen sie in ihrer Scheußlichkeit, ihrer Schlechtigkeit und Boshaftigkeit. Es steht ganz außer Frage, dass Gott seine zügelnde Kraft zuweilen deshalb zurückhält, um der Menschheit die Ungeheuerlichkeit der Sünde vor Augen zu führen. Er lässt die Gottlosen gewähren, und sofort offenbart sich der wahre Zustand der Dinge. Die Philosophen ignorieren die Sünde; die Psychologen versuchen, sie wegzuerklären. Wir aber sehen sie in ihrer wahren Gestalt – als widerliche Perversion und Wollust. Sie ist da, im Herzen des Gebildeten genauso wie im Herzen des Analphabeten, in jeder Schicht und in jedem Bereich der Gesellschaft.

Das ist einer der Gründe für Gottes scheinbaren Schlaf, aber es ist nicht der einzige. Die Bibel zeigt ganz klar, dass Gott manches auch zulässt als Strafe für die Sünde. Das können wir ebenfalls im ersten Kapitel des Römerbriefes nachlesen. Gott hält seine zügelnde Kraft manchmal zurück, damit die Menschen zumindest teilweise die Folgen ihrer eigenen Sünden zu spüren bekommen. Auf diese Weise bestraft er sie. Wir sind uns ja alle gleich in dem Wunsch, wohl die Freuden der Sünde zu kosten, nicht aber ihre Folgen. Wir möchten gerne sündigen dürfen, ohne dafür leiden zu müssen. Doch das geht nicht, denn *„die Gottlosen haben keinen Frieden, spricht mein Gott"* (Jes 57,21). Gott hat die Menschen so geschaffen, und darum müssen wir leiden. Darum lässt Gott auch bisweilen die Welt in einen Zustand der Gottlosigkeit versinken. Ich behaupte ohne zu zögern, dass dies die einzig wirkliche Erklärung für die beiden Weltkriege ist. Sie waren zum Teil eine Strafe, die Gott der Menschheit für ihre Auflehnung während der letzten hundert Jahre auferlegte. Gott lässt den Dingen ihren Lauf, damit die

Menschheit die Folgen dessen ernten kann, was sie selbst gesät hat. „Wer Wind sät, wird Sturm ernten" (siehe Hos 8,7). Das haben wir am eigenen Leibe erfahren.

Und noch aus einem anderen Grund erlaubt Gott dem Bösen und den Übeltätern, sich auszutoben. Er lässt ihnen freie Bahn, um ihre Vernichtung nur um so vollkommener und gewisser zu machen. Die biblische Geschichte ist dafür ein einziger Beleg. Gott scheint zu schlafen; und sofort erhebt sich der Feind. Er lästert den Namen Gottes. Und dann geht es ihm wie den Assyrern. Sie stellten sich gegen den Gott Israels, und Gott ließ es zu. Sie erhoben sich selbst bis zum Himmel und waren überzeugt: „Uns kann nichts aufhalten." Doch dann ließ Gott die Seifenblase platzen, und das gesamte assyrische Reich brach zusammen. Die Niederlage war ungeheuer. Wenn der große, starke Stier seinen letzten Schrei ausgestoßen hat, wird er zu Fall gebracht. Hätte Gott ihn gleich zu Anfang gestürzt, wäre das nicht so eindrucksvoll gewesen. Gott erlaubt es dem Bösen und seinen Tätern, der Welt soviel Schaden zuzufügen, dass selbst die Gottesfürchtigen fragen, ob er dem jemals Einhalt gebieten könne. Doch dann, wenn das Ende fast herbeigekommen ist, erhebt sich Gott, und die Bösen müssen stürzen. Dann ist die Niederlage des Feindes umso größer und endgültiger.

Mit seiner scheinbaren Duldsamkeit verfolgt Gott noch ein weiteres Ziel. Durch die Niederlage eines so starken und mächtigen Feindes will er seine eigene Größe und Herrlichkeit sichtbar machen. Alle, die mit ansehen, wie Gott sich erhebt und den Feind vernichtet, werden von Furcht vor einem so großen und mächtigen Herrn erfüllt. Ein Beispiel dafür wird uns am Ende von Apostelgeschichte 12 gegeben. Dort wird von einem König namens Herodes berichtet, der auf seinem Thron sitzend eine große Rede hielt. Als er geendet hatte, schrien seine Zuhörer: *„Das ist die Stimme eines Gottes und nicht eines Menschen!"* Da sandte Gott, so wird uns erzählt, einen Engel, der diesen König schlug, *„weil er Gott nicht die Ehre gab; und er verschied, von Würmern zerfressen. Das Wort Gottes aber breitete sich aus und mehrte sich"*. Was für ein Gegensatz! Pomp und Größe wurden zerstört, doch das Wort Gottes, das der törichte König zu vernichten suchte, wuchs und breitete sich aus; die ganze Größe Gottes offenbarte sich.

Noch eine letzte Erklärung für die scheinbare Duldsamkeit Gottes möchte ich geben. Ganz zweifellos lässt er es den Gottlosen manchmal auch deshalb gutgehen, um sein eigenes Volk zu disziplinieren. Ich sage das nur ungern, aber es muss gesagt werden. Wir haben es nötig, zur Ordnung gerufen zu werden. Wie oft musste Gott Feinde gegen die Kinder Israel aufziehen lassen, um sie zur Ordnung zu rufen! Wie oft waren sie, sein eigenes Volk, träge geworden und hatten Gott vergessen! Und er flehte sie an, er sandte ihnen Propheten – aber sie wollten nicht hören. Darum gebrauchte er die Assyrer, darum gebrauchte er die Chaldäer, um sein Volk zu züchtigen, um es zurückzurufen. Und ich wage zu behaupten, dass auch vieles von dem, was wir in diesem Jahrhundert durchmachen, darauf zurückzuführen ist, dass wir, Gottes Volk, gezüchtigt werden müssen. Dabei ist die Kirche leider weitgehend selbst dafür verantwortlich, dass der Glaube des Volkes ausgehöhlt wurde. Die heutige Situation ist keineswegs überraschend. Wir müssen vielleicht noch viel mehr ertragen, um demütig zu werden und zu erkennen, dass wir nur ihm allein zu gehorchen haben und uns nur auf ihn allein verlassen dürfen.

Das sind einige der Antworten, die wir in der Bibel auf die Frage finden, warum Gott bisweilen zu schlafen scheint.

Doch das ist noch nicht alles, was der Psalmist im Heiligtum über das Handeln Gottes lernte. Er hat erkannt, was das wahre Wesen Gottes ist und dass es nur so scheint, als schlafe Gott. Was aber geschieht, wenn Gott erwacht? Der Psalmist sagt es uns: *„Wie sind sie so plötzlich verwüstet worden! Sie sind untergegangen und haben ein Ende mit Schrecken genommen. Wie man einen Traum nach dem Erwachen verschmäht, so wirst du, o Herr, wenn du dich aufmachst, ihr Bild verschmähen."* Gott schläft nicht für immer. Er hat dem Treiben der Gottlosen eine Grenze gesetzt. Es ist bestimmt nicht wenig, was er ihnen durchgehen lässt, aber seine Duldsamkeit gegenüber seinen Feinden hat einmal ein Ende. *„Mein Geist soll nicht für immer mit dem Menschen rechten"* (1.Mose 6,3). Wie lange wird das dauern? Den Schlüssel zur richtigen Antwort hat uns Gott ganz am Anfang der Bibel gegeben: Der Gottesfürchtige muss warten, denn *„das Maß der Sünden der Amoriter ist noch nicht voll"* (1.Mose 15,16). Es gibt eine Grenze; Gott wird aufwachen.

Was aber geschieht dann mit den Gottlosen, die so erfolgreich schienen? Der Psalmist schildert es uns sehr genau: *„Wie man einen Traum nach dem Erwachen verschmäht, so wirst du, o Herr, wenn du dich aufmachst, ihr Bild verschmähen."* Was für ein Vergleich! Der Gottlose, der so groß und wunderbar wirkte, vergeht wie ein Traum, wenn Gott sich erhebt; als sei er nur ein Phantom, ein Bild, eine

Erscheinung gewesen, aber niemals Wirklichkeit. Er, der so mächtig, so hochmütig und geradezu unzerstörbar schien, wird beim Aufwachen Gottes wie ein Blitz vergehen. Unzählige Male wird uns das in der Bibel berichtet. In Jesaja 40 zum Beispiel sagt Gott, dass die Völker für ihn *„wie ein Tropfen am Eimer; wie ein Stäubchen in den Waagschalen sind"* (Vers 15). Diese großen Nationen mit ihren Atombomben und ihren Hydrogenbomben, diese mächtigen Nationen! Sie sind nur ein Tropfen am Eimer oder wie ein Stäubchen in der Waagschale. Und nicht nur das! Achten Sie auf den Sarkasmus und den Spott: alle Völker der Erde sind „wie Heuschrecken" (Jes 40,22), selbst Großbritanien, die Vereinigten Staaten und selbst die [einstige] Sowjetunion! Wie viele mächtige Reiche und Nationen hat es schon gegeben, aber sie sind alle verschwunden, weil sie sich Gott nicht untergeordnet haben. Alle Nationen dieser Erde sind nichts als „Heuschrecken" – wenn Gott erwacht.

Dazu noch ein weiteres Beispiel, eines der denkwürdigsten in der Geschichte. Wir alle haben von Alexander dem Großen gehört, einem der fähigsten Generäle aller Zeiten, einem großen Monarchen und mächtigen Krieger. Er eroberte fast die gesamte damals bekannte Welt. Wissen wir aber auch, wie die Bibel ihn nennt? Der Name Alexander kommt in der Bibel zwar nirgends vor, aber trotzdem spricht sie von ihm. In Daniel 8 lesen wir, wie Gott ihn nannte. Walter Lüthi hat besonders darauf hingewiesen: Der Mann, der von der Welt Alexander der Große genannt wurde, war für Gott nichts anderes als – ein „Ziegenbock". Wenn Gott sich erhebt, wird Alexander der Große zu einem Ziegenbock! So wird es den Nationen, den Weltreichen, dem Einzelnen, ja allen ergehen, *„... wenn du dich aufmachst"*. Und er hat sich aufgemacht. Wer die Berichte der Bibel liest, wird erfahren, dass er es immer wieder getan hat. Er wird es auch weiterhin tun. Dann aber werden seine Feinde zerstreut und vernichtet werden.

Und ein Letztes wird uns durch all dies gesagt: Die großen Ereignisse der Weltgeschichte sind nur ein blasser Widerschein dessen und gleichzeitig eine mächtige Warnung vor dem, was noch geschehen wird. Die Welt ist gottlos. Sie lebt ohne Christus. Sie macht sich über die Gnade Gottes, über den Erlöser der Welt und insbesondere über sein kostbares Blut am Kreuz lustig. Die Welt ist arrogant und prahlt mit ihren Sünden. Doch am Ende wird das geschehen, was der Apostel Paulus, der selbst unter Verfolgungen gelitten hat, in seinem zweiten Brief an die Thessalonicher schreibt: *„... so dass wir selbst* *uns im Hinblick auf euch rühmen in den Gemeinden Gottes wegen eures standhaften Ausharrens und eurer Glaubenstreue in allen euren Verfolgungen und Bedrängnissen, die ihr zu ertragen habt. Sie sind ein Anzeichen des gerechten Gerichtes Gottes, dass ihr des Reiches Gottes würdig geachtet werdet, für das ihr auch leidet; wie es denn gerecht ist vor Gott, dass er denen, die euch bedrängen, mit Bedrängnis vergilt, euch aber, die ihr bedrängt werdet, mit Ruhe gemeinsam mit uns, bei der Offenbarung des Herrn Jesus vom Himmel her mit den Engeln seiner Macht, in flammendem Feuer, wenn er Vergeltung üben wird an denen, die Gott nicht anerkennen, und an denen, die dem Evangelium unseres Herrn Jesus Christus nicht gehorsam sind. Diese werden Strafe erleiden, ewiges Verderben, vom Angesicht des Herrn und von der Herrlichkeit seiner Kraft, an jenem Tag, wenn Er kommen wird, um verherrlicht zu werden in seinen Heiligen und bewundert in denen, die glauben – denn unser Zeugnis hat bei euch Glauben gefunden"* (2.Thess 1,4-10).

Das ist so sicher wie die Tatsache, dass wir in diesem Augenblick lebendig sind. Der Herr wird in den Wolken des Himmels wiederkommen, und alle seine Feinde werden zerstreut und in die Flucht geschlagen werden. Satan, Hölle und alle, die sich Gott widersetzt haben, werden in den Feuersee geworfen und *„ewiges Verderben, vom Angesicht des Herrn"* erleiden. Das ist das Ende der Gottlosen, und das ist die Macht und die Ehre des Gottes, den wir lieben, den wir anbeten, dem wir dienen. Wenn wir nicht verstehen, was um uns herum geschieht, sollten wir diesen Zusammenhang beachten. Gott ist Gott. Gott ist heilig und gerecht. Was er verheißen hat, wird er gewiss tun. Der Tag kommt, an dem er sich erheben und seine Feinde zerstreuen wird. Dann wird sich das Königreich Jesu Christi ausbreiten, *„damit in dem Namen Jesu sich alle Knie derer beugen, die im Himmel und auf Erden und unter der Erde sind, und alle Zungen bekennen, dass Jesus Christus der Herr ist, zur Ehre Gottes, des Vaters"* (Phil 2,10).

Wir wollen Gott danken, dass er seine Verheißungen wahr macht. Er schenke einem jeden von uns, dass wir seine Wege erkennen und verstehen und dass wir ein für alle Mal von sündigen Zweifeln und unwürdigen Fragen befreit werden.

# 6.

# Ein jeder prüfe sich selbst

***„Als mein Herz verbittert war und ich in meinen Nieren das Stechen fühlte, da war ich töricht und verstand nichts; ich verhielt mich wie ein Vieh gegen dich"***

(Psalm 73,21-22)

Zwei Dinge hat der Psalmist bereits gelernt, die ihm etwas aus dem Tief seiner seelischen Krise herausgeholfen haben. Zum einen begann er, im Blick auf die Gottlosen umzudenken, und zum anderen wurde sein Denken über Gott selbst korrigiert. In einem dritten Schritt lernt er nun, auch sich selbst in einem neuen Licht zu sehen. Er beschreibt uns das sehr eindrücklich und ernst in den beiden Versen, die wir nun betrachten wollen. Beachten wir zunächst den auffälligen Gegensatz zu den Versen 13 und 14, in denen es hieß: *„Ganz umsonst habe ich mein Herz rein erhalten und meine Hände in Unschuld gewaschen; denn ich bin doch den ganzen Tag geplagt worden, und meine Züchtigung war jeden Morgen da!"* Welches Selbstmitleid spricht aus diesen Sätzen! Mit seinem Leben ist doch alles in Ordnung! Er ist doch ein guter Mensch! Und doch wird er hart bedrängt. Ist das denn fair? Ja, es scheint ihm, als wäre Gott ihm gegenüber wirklich nicht fair. Das sind die Gedanken, die ihm durch den Kopf gehen, solange er sich noch außerhalb des Heiligtums befindet. Aber nachdem er das Heiligtum betreten hat, ändert sich alles: *„Als mein Herz verbittert war und ich* *in meinen Nieren das Stechen fühlte, da war ich töricht und verstand nichts; ich verhielt mich wie ein Vieh gegen dich."* Was für ein Wandel! Was für eine völlig neue Einstellung! Und das alles, weil sein Denken korrigiert und in geistliche Bahnen gelenkt worden war.

Damit sind wir an einem Punkt angelangt, der zum Wichtigsten gehört, was uns dieser Psalm lehren will. Wenn wir ehrlich sind, müssen wir ja zugeben, dass wir nur allzugerne kurz davor haltmachen. Wir alle lesen zwar gern, was mit den Gottlosen geschieht – und ich kenne niemanden, der sich über eine Predigt aufgeregt hätte, in der von ihrem unsicheren Schicksal die Rede war. Wir hören auch gern die herrlichen Worte über Gott: *„Der Herr regiert als König."* Wir sind mit dem einverstanden, was die Bibel über die Verdammnis der Gottlosen sagt, und lesen mit Freuden von der Herrlichkeit und Majestät Gottes. Das vermittelt uns so ein schönes Gefühl der Sicherheit. Die Gefahr ist nur, dass wir an diesem Punkt stehenbleiben; eine Gefahr, der unser Psalmist nicht erlag. Er ging weiter und beweist uns damit nicht nur eine Ehrlichkeit und Aufrichtigkeit, die zu seinen wichtigsten Charaktereigenschaften gehören, er lässt auch erkennen, dass er verstanden hat, worauf es in einem geisterfüllten Leben ankommt.

In den vorliegenden Versen berichtet er uns von seiner Buße. Wir erfahren, was er über sich selbst und insbesondere über sein jüngstes Verhalten denkt – ein eindrucksvolles Beispiel ehrlicher Selbstprüfung, auf das wir näher eingehen wollen. Denn die Buße oder der Zustand, in dem ein Mensch innehält, um sich kritisch mit sich selbst auseinanderzusetzen, ist ein wesentlicher Bestandteil dessen, was man die Disziplin des Glaubenslebens nennt. Ich komme deshalb schon wieder auf diesen Aspekt zu sprechen, weil er in unserer Zeit so grob vernachlässigt wird. Wie oft wird heute schon von der Disziplin des Glaubenslebens gesprochen? Welchen Stellenwert nimmt sie wirklich in unserem Christsein ein? Es gab eine Zeit in der Geschichte der Kirche, da gehörte sie zum Kern des geistlichen Lebens. Ich bin zutiefst davon überzeugt, dass der gegenwärtige Zustand der Kirche darauf zurückzuführen ist, dass wir die Disziplin vernachlässigen. Ja, solange wir nicht zu ihr zurückkehren, sehe ich nicht den geringsten Hoffnungsschimmer für eine wirkliche Neubelebung und Erweckung.

Ehe wir uns nun aber näher mit diesem Thema auseinandersetzen, möchte ich auf zwei Gefahren hinweisen, die – wie so oft in solchen Fällen – in krassem Widerspruch zueinander stehen. Wir sind Geschöpfe, die zu Extremen neigen, und unser Problem besteht häufig darin, dass wir zu stark nach der einen oder nach der anderen Seite tendieren. Es geht aber darum, eine ausgewogene Haltung zu finden – die für den Christen oft in der Mitte, zwischen den beiden Extremen, liegt. Das eine dieser Extreme ist zwar, soweit ich es beurteilen kann, heute nicht mehr so weit verbreitet, war aber in früheren Zeiten nicht ungewöhnlich. Doch auch heute kann man ihm noch hin und wieder begegnen. Das ist die Gefahr, das eigene geistliche Leben in geradezu krankhafter Weise selbst zu beobachten. Ich persönlich bin in einer solchen Atmosphäre aufgewachsen, wo die Menschen die größte Zeit ihres Lebens damit verbrachten, sich selbst zu analysieren, sich schuldig zu sprechen und sich ständig die eigene Unwürdigkeit und Untauglichkeit vor Augen zu halten. Ein solches Verhalten hat aber zur Folge, dass man nur noch in sich selbst hineinhorcht. Man fühlt sich ständig den geistlichen Puls, misst die Temperatur und versinkt beinahe im Meer der Selbstanklagen.

Eine der traurigsten Szenen, die ich je miterlebt habe, spielte sich am Sterbebett eines tief gläubigen Mannes ab. Ich hatte selten das Vorrecht, einem so gottesfürchtigen Menschen zu begegnen. Seine Töchter, beide schon in mittleren Jahren, waren ebenfalls anwesend. Der alte Mann wusste, dass es mit ihm zu Ende ging, und da war eine Sache, die ihn fürchterlich quälte: keine seiner Töchter war Mitglied der Kirche oder hatte jemals am Abendmahl teilgenommen. Das war in der Tat sehr verwunderlich, denn zwei gottesfürchtigere oder aktiver am Gemeindeleben teilnehmende Frauen waren kaum zu finden. Trotzdem gehörten sie der Kirche offiziell nicht an und hatten auch nie am Abendmahl teilgenommen. Warum? Weil sie sich nicht würdig genug fühlten; weil sie glaubten, für den Tisch des Herrn nicht gerüstet zu sein, weil sie ständig nur ihre Fehler, ihre Sünden und Unzulänglichkeiten sahen. Da standen nun zwei vorbildliche Christinnen, die aber infolge ihrer unaufhörlichen Selbstbeobachtung meinten, sie hätten kein Recht, am innersten Leben der Gemeinde teilzunehmen.

Und so etwas konnte man früher öfter finden. Da standen Menschen in Gemeindeversammlungen auf, um laut mitzuteilen, dass sie schlimme Sünder seien und wie schrecklich sie gefehlt hätten. Sie hofften zwar, in den Himmel zu kommen, konnten sich aber nicht vorstellen, wie solche unwürdigen Geschöpfe jemals dorthin gelangen sollten. Auch in Büchern können wir Beispiele für ein solches Verhalten finden. Diese Tendenz war sicher auch im Leben von John Fletcher[11] und Henry

11 John William Fletcher (1729-1785) war einer der ersten großen methodistischen Theologen und stand John Wesley, dem Gründer des Methodismus, sehr nahe.

Martyn[12] vorhanden. Sie waren keine extremen Fälle, aber offensichtlich hatten sie jene Tendenz, die im Übrigen typisch war für eine bestimmte Art der Frömmigkeit zu jener Zeit.

Heute kennen wir diese Gefahr nicht mehr, besonders nicht in den Großstädten, in denen die meisten von uns leben. Die Gefahr, die uns droht, ist von ganz anderer Art. Der Prophet Jeremia warnt uns vor ihr, wenn er von denen spricht, die *„den Schaden der Tochter meines Volkes leichthin [heilen], indem sie sprechen: ‚Friede, Friede!', wo es doch keinen Frieden gibt"* (Jer 6,14). Darin offenbart sich das andere Extrem. Kennzeichnend ist hier das Fehlen jedes echten Bekümmertseins über die Sünde sowie die Neigung, sich selbst zu schonen und die eigenen Sünden, die eigenen Fehler und Unzulänglichkeiten auf die leichte Schulter zu nehmen.

Ich will es noch drastischer ausdrücken: Ich sehe bei einigen und insbesondere bei evangelikalen Christen die Gefahr, die Lehre von der Erlösung zu missbrauchen – die großen Lehren der Rechtfertigung aus Glauben allein und der Heilsgewissheit – und als Folge dessen nicht mehr wahrnehmen zu können, was Sünde in den Augen Gottes und für ein Kind Gottes tatsächlich bedeutet. Immer häufiger begegnet man der Ansicht, die Buße spiele im Leben eines Christen keine Rolle. Warum das so ist, weiß ich nicht. Es gibt Leute, die halten es offenbar für falsch, von Buße und Reue zu reden. Sie glauben, in dem Augenblick, in dem sie ihre Sünden erkennen und „unter das Blut" stellen, sei alles wieder in Ordnung. Wer lange über seine Schuld nachdenke und sich selbst anklage, beweise nur, dass es ihm an Glauben fehle. Sobald er „auf Jesus" schaue, sei alles gut. Schnell und leicht heilen wir uns selbst, und das ist unsere Krankheit. Ich möchte sogar behaupten, dass bei vielen von uns das Problem gerade darin besteht, dass wir geistlich viel zu „gesund" sind. Damit meine ich, dass wir zu glatt, zu oberflächlich sind. Wir geben uns keine Mühe mehr. Wir stehen, anders als der Psalmist in diesen beiden Versen, in viel zu gutem Einvernehmen mit uns selbst. Wir sind so ganz anders als die Menschen, von denen uns in der Bibel berichtet wird.

Schuld an diesem Zustand ist vermutlich die Tatsache, dass wir den Schritt unterlassen, den der Psalmist hier getan hat. Im Heiligtum waren nicht nur seine Ansichten über die Gottlosen und über Gott korrigiert worden, sondern auch seine Meinung über sich selbst, und wir sehen,

12 Henry Martyn (1781-1812) war Missionar in Indien und Persien. Er pflegte einen streng asketischen Lebensstil und war bekannt für seinen Mut, seine Selbstlosigkeit und Frömmigkeit.

wie streng er sich mit der eigenen Person auseinandersetzt. Uns ist so etwas offenbar fremd geworden, darum erwecken wir jenen trügerischen Eindruck von Gesundheit, als sei mit uns alles in Ordnung. Es gibt kaum noch Sack und Asche; es gibt kaum noch ehrliches Betrübtsein über die Sünde; es gibt kaum noch Anzeichen echter Buße.

Die Heilige Schrift weist uns jedoch immer wieder auf die Notwendigkeit und die Bedeutung der Buße hin. Das bekannteste Beispiel ist wohl das Gleichnis vom verlorenen Sohn. Darin wird uns von einem Mann erzählt, der sündigte, der in törichter Weise sein Vaterhaus verließ und dann erfahren musste, wie ihm alles misslang. Was geschah mit ihm? Was tat er, als er wieder zur Besinnung kam? Er sprach sich schuldig, er redete mit sich über sich selbst. Er ging sehr streng mit sich ins Gericht. Erst danach brach er auf, um zu seinem Vater zurückzugehen. Oder denken wir an 2.Korinther 7,9-11. Die Christen in Korinth hatten eine Sünde begangen. Paulus schrieb ihnen deswegen einen Brief und schickte Titus, der mit ihnen darüber sprechen sollte. Ihre Reaktion darauf zeigt uns, was unter einer wahrhaft bußfertigen Gesinnung zu verstehen ist. Der Apostel freute sich über die Weise, in der sie mit sich selbst ins Gericht gingen. Er geht ausführlich darauf ein: *„Denn siehe, wie viel ernstes Bemühen hat dies bei euch bewirkt, dass ihr in gottgewollter Weise betrübt worden seid, dazu Verantwortung, Entrüstung, Furcht, Verlangen, Eifer, Bestrafung! Ihr habt in jeder Hinsicht bewiesen, dass ihr in der Sache rein seid."* Die Korinther waren streng mit sich selbst gewesen, sie hatten sich schuldig gesprochen; sie waren „in gottgewollter Weise" betrübt worden, und deshalb konnte Paulus ihnen sagen, dass sie nun wieder von Gott gesegnet seien.

Ein weiteres eindrückliches Beispiel in dieser Sache finden wir im Buch Hiob. Wir erinnern uns, wie Hiob über weite Strecken versucht, sich selbst zu rechtfertigen. Er verteidigt und bemitleidet sich. Doch als er sich dann wirklich in der Gegenwart Gottes findet, sagt er: *„Darum spreche ich mich schuldig und tue Buße in Staub und in Asche!"* (Hiob 42,6). Es gab auf der Welt keinen gottesfürchtigeren, keinen aufrichtigeren und frommeren Mann als Hiob. Aber infolge der vielen Schläge, die er erlitt, hatte er all das Gute, all die Segnungen vergessen, die er empfangen hatte. Er war der Versuchung erlegen, genauso über Gott zu denken wie unser Psalmist, und er hatte Dinge gesagt, die er nie hätte sagen dürfen. Doch als er Gott schaut, hält er die Hand vor den Mund und sagt: *„Darum spreche ich mich schuldig und tue Buße in Staub und in Asche!"* Ich frage mich, ob uns solche

Erfahrungen vertraut sind. Wissen wir, was es heißt, uns selbst schuldig zu sprechen? Wissen wir, was es heißt, in Staub und Asche Buße zu tun? Die Theologie unserer Zeit scheint gegen solche Gedanken eine Abneigung zu haben; sie lehrt, dass Römer 7 hinter uns liegt. Wir sollen nicht mehr von der Betrübnis über die Sünde reden, denn das würde ja bedeuten, dass wir uns noch im Anfangsstadium des Christseins befinden. Deshalb überspringen wir Römer 7 und wenden uns gleich Römer 8 zu. Aber haben wir jemals erlebt, was in Römer 7 steht? Haben wir je in tiefer Betroffenheit ausgerufen: *„Ich elender Mensch! Wer wird mich erlösen von diesem Todesleib?"* (Röm 7,24). Haben wir uns jemals wirklich schuldig gesprochen und in Staub und Asche Buße getan? Ein diszipliniertes Glaubensleben ist ohne das nicht denkbar. Wenn wir uns die Lebenswege der Heiligen durch die Jahrhunderte anschauen, werden wir entdecken, wie oft sie Buße getan haben. Blicken wir auf mächtige Männer Gottes wie ein Henry Martyn! Wie oft haben sie sich schuldig gesprochen. Sie hassten ihr Leben in der Welt und in diesem Sinne auch sich selbst; und aus eben diesem Grunde wurden sie von Gott so reich gesegnet.

Darum ist es für uns so wichtig, dem Psalmisten auf jedem seiner Schritte zu folgen. Wir müssen es lernen, uns selbst entgegenzutreten und uns ehrlich mit uns selbst auseinanderzusetzen. Das ist für unser Glaubensleben von ausschlaggebender Bedeutung. Wie aber sehen die einzelnen Schritte aus? Ich habe versucht, sie folgendermaßen zu gliedern.

Zuallererst müssen wir aufrichtig bekennen, was wir getan haben. Das fällt uns in der Regel nicht leicht. Denn sobald uns unsere Fehler bewusst werden, kommt uns auch schon der Gedanke: „Ich wende mich einfach an Christus. Da wird mir sofort vergeben, und alles ist wieder gut." Das aber ist ein Irrtum. Wir müssen bekennen, was wir getan haben. Der Psalmist hatte viel Zeit damit verbracht, sich selbst zu bemitleiden und neidisch auf andere Leute zu schauen. Lange war er von unwürdigen Gedanken über Gott und seine Wege umgetrieben worden. Doch nach seiner Genesung im Heiligtum sagte er sich: „Ich muss genauso viel Zeit darauf verwenden, mich selbst und das, was ich getan habe, zu betrachten." Wir dürfen uns selbst nicht schonen. Wir müssen ehrlich bekennen, was wir getan haben, das heißt, wir müssen uns unser Fehlverhalten ganz bewusst vor Augen führen. Wir dürfen uns nicht dagegen abschirmen, wir dürfen nicht versuchen, leicht über unsere Sünde hinwegzugehen und nur einen beiläufigen Blick auf sie zu werfen. Wir müssen uns die Tatsachen im Einzelnen vorhalten und sagen: „Das war es, was ich getan habe; das war es, was ich gedacht und gesagt habe."

Doch nicht nur das. Dann muss ich analysieren, was geschehen ist, ich muss alle Einzelheiten herausfinden und alles bedenken, was damit verbunden ist und sich daraus entwickeln könnte. Dazu ist eiserne Selbstdisziplin, Unnachgiebigkeit und Entschlossenheit nötig. Der Psalmist hat dies getan und konnte deswegen schließlich sagen: *„Ich verhielt mich wie ein Vieh."* Er bekennt: „Ich habe tatsächlich solche Gedanken über dich gehabt, o Gott, und ich war sogar im Begriff, sie auszusprechen – das ist es, was ich getan habe, und nichts weniger." Er hielt sich seine Sünde selbst vor, und er dachte darüber nach, bis er tief geknickt war und sich „wie ein Vieh" fühlte. Wer diese Selbstprüfung scheut, der wird sich selbst niemals wirklich als schuldig erkennen. Wir müssen uns unsere Sünde so lange vor Augen halten, bis wir sie als das sehen, was sie ist.

Noch einmal möchte ich betonen: Wir müssen in Einzelheiten gehen, wir müssen auf Details zu sprechen kommen. Ich weiß, dass das weh tut. Aber es genügt nicht, dass wir einfach nur zu Gott kommen und sagen: „Gott, ich bin ein Sünder." Wir müssen die Einzelheiten nennen, wir müssen vor uns selbst und vor Gott detailliert aufzählen, was wir getan haben. Natürlich fällt es uns viel leichter, zu sagen: „Ich bin sündig", als einzugestehen: „Ich habe etwas gesagt, was ich nicht hätte sagen dürfen, oder gedacht, was ich nicht denken durfte", oder: „Ich habe unsaubere Gedanken gehabt." Aber das Wesentliche ist, Einzelheiten zu nennen, vielleicht auch alles zu Papier zu bringen, sich selbst zu analysieren und sich der Hässlichkeit der Sünde zu stellen. Das haben die Großen im Glauben immer schon getan, wie wir den Notizen und Tagebüchern der Heiligen der Kirchengeschichte entnehmen können. John Fletcher stellte sich nicht nur selbst jeden Abend vor dem Schlafengehen zwölf kritische Fragen, er brachte auch seine Gemeinde dazu, dasselbe zu tun. Er begnügte sich nicht mit einer flüchtigen Gesamtrückschau, sondern er fragte sich ganz gezielt: „Verliere ich leicht die Geduld? Bin ich heute ungeduldig oder zornig geworden? Habe ich einem anderen das Leben schwergemacht? Habe ich auf die Einflüsterungen des Teufels gehört, jenen unsauberen Gedanken, den er mir in den Kopf gesetzt hat? Habe ich ihn aufgegriffen oder sofort verworfen?" Auch wir sollten noch einmal den ganzen Tag durchgehen; wir sollten alles an uns vorüberziehen lassen und uns unserer Sünde stellen: Das ist echte Selbstprüfung.

Wir sollten die Tagesereignisse im Lichte Gottes betrachten – *„… ich war wie ein Tier* ***vor dir*** *“* (LÜ 84[13]). Wir müssen sie und uns selbst in die Gegenwart Gottes bringen, und noch bevor wir mit ihm reden, müssen wir uns schuldig sprechen. Erinnern wir uns an die Worte des Paulus in 2.Korinther 7,11. Er spricht von „Entrüstung". Die Korinther waren über sich selbst entrüstet. Es ist unser Problem, dass wir uns nicht über uns selbst entrüsten. Dabei wäre es dringend nötig, denn wir alle machen uns der Sünden schuldig, die ich oben aufgezählt habe. In den Augen Gottes sind sie schrecklich, aber wir entrüsten uns nicht. Wir stehen mit uns selbst auf viel zu gutem Fuß, deshalb ist auch unser Zeugnis so kraftlos. Wir müssen es lernen, uns selbst zu erniedrigen, uns zu demütigen; wir müssen es lernen, uns selbst zu schlagen. Paulus sagt in 1.Korinther 9,27: *„… sondern ich bezwinge meinen Leib und beherrsche ihn."* Bildlich gesprochen schlägt er mit der Faust auf sich ein, bis er grün und blau ist – das ist die ursprüngliche Bedeutung des Wortes, das hier mit „bezwinge" übersetzt wurde. Und wir müssen es ihm gleichtun. Das ist ein wichtiger Teil der Disziplin. Der Psalmist hat es getan, das können wir aus den Worten schließen: *„… da war ich ein Narr und wusste nichts, ich war wie ein Tier vor dir"* (LÜ 84). Zu dieser Einsicht gelangt nur einer, der den Prozess der Selbstprüfung gründlich durchgemacht hat. Wir müssen deshalb an dem Weg festhalten, den ich hier aufgezeichnet habe. Wir müssen uns selbst kritisch unter die Lupe nehmen, damit wir uns als die erkennen, die wir tatsächlich sind.

Welches ist nun der nächste Schritt? Was werden wir entdecken, wenn wir soweit gekommen sind? Die Antwort des Psalmisten ist eindeutig. Nachdem er sich selbst geprüft, nachdem er begonnen hatte, einmal ehrlich über sich selbst nachzudenken, erkannte er, dass die Ursache seiner Probleme zum großen Teil, wenn nicht gar ausschließlich, in ihm selbst, in seinem „Ich" lag. Und dort liegt sie meistens. Das „Ich" ist unser letzter und beständigster Feind und der ergiebigste Nährboden für all unser Unglück. Seit dem Sündenfall sind wir alle Egoisten. Wir sind hochempfindlich, wenn es um uns selbst geht. Wir sind immer selbstsüchtig, immer darauf bedacht, uns abzuschirmen. Hinter allem wittern wir eine Beleidigung und lassen jedermann bereitwillig wissen, dass uns Unrecht getan wurde, dass wir unfair behandelt wurden. Ich spreche aus Erfahrung. Möge Gott sich über uns erbarmen, denn das ist die Wahrheit über uns Menschen. Das Ich, dieser Feind, kann einen Menschen soweit bringen, dass er sogar auf seine eigene Demut

13 *Die Bibel nach der Übersetzung Martin Luthers*, revidierte Fassung von 1984 in neuer Rechtschreibung (Abk.: LÜ 84), Deutsche Bibelgesellschaft, Stuttgart 1999.

stolz ist! Der Psalmist erkannte in ihm die wahre Ursache für seine Schwierigkeiten. Er hatte sich in seinen Gedanken über die Gottlosen und über Gott verrannt. Aber das war nicht die eigentliche Ursache für sein Leid. Der wirkliche Grund lag darin, dass er von sich selbst ein falsches Bild hatte. Er hatte sich ständig um sich selbst gedreht, und deshalb war ihm alles verkehrt und ungerecht vorgekommen.

Das führt uns zu einer wichtigen psychologischen Erkenntnis, einer wahren biblischen Psychologie. Wenn das Ich in uns die Herrschaft übernimmt, dann geschieht etwas Unvermeidliches: Unser Herz erlangt die Kontrolle über unseren Kopf. Hören wir nur auf den Psalmisten. Im Hause Gottes hatte er wieder zurechtgefunden. Seine Ansichten über die Gottlosen und über Gott waren korrigiert worden. Nun kommt er auf sich selbst zu sprechen: *„Als mein Herz verbittert war und ich in meinen Nieren das Stechen fühlte"* – ein Ausdruck seiner Empfindungen –, *„da war ich töricht und verstand nichts; ich verhielt mich wie ein Vieh gegen dich."* Achten wir auf die Reihenfolge. Das Herz kommt vor dem Kopf. Sein Herz tat ihm zunächst einmal weh; erst danach begann sein Verstand falsch zu funktionieren.

Das ist eine der tiefsten psychologischen Einsichten, die wir überhaupt gewinnen können. Wenn das Ich auftrumpft, dann wird die richtige Reihenfolge auf den Kopf gestellt; dann gehen uns der Sinn für das Wesentliche und ein rechtes Unterscheidungsvermögen verloren. Alle unsere Probleme sind letztlich darauf zurückzuführen, dass wir uns von unseren Gefühlen, unserem Herzen und unseren Empfindungen leiten lassen und nicht von klaren Überzeugungen und einer ehrlichen Auseinandersetzung mit den Dingen vor Gott. Unser Herz hat eine große Kraft. Wenn das Herz die Herrschaft gewinnt, macht es den Menschen zum Krüppel. Es macht uns dumm; es nimmt uns so in den Griff, dass wir nicht mehr vernünftig und klar denken können. So war es auch dem Psalmisten ergangen. Er hatte gedacht, es sei alles ganz eindeutig. Da waren die Gottlosen, und da war er! Waren das nicht überaus vernünftige Überlegungen? Im Heiligtum Gottes aber erkannte er, dass er keineswegs so vernünftig war, wie er gemeint hatte. Er hatte sich vielmehr von seinen Gefühlen beherrschen lassen.

Ist das nicht unser aller Problem? Der Apostel Paulus sagt dazu in Philipper 4,6 und 7 etwas sehr Wichtiges. Achten wir auf die Reihenfolge. *„Sorgt euch um nichts; sondern in allem lasst durch Gebet und Flehen mit Danksagung eure Anliegen vor Gott kundwerden."* Der nächste Vers ist unmissverständlich: *„Und der Friede Gottes, der allen Verstand* *übersteigt, wird eure Gedanken und eure Herzen bewahren.*" Heißt es wirklich so? Nein, keineswegs, sondern: *„Und der Friede Gottes, der allen Verstand übersteigt, wird* ***eure Herzen und eure Gedanken*** *bewahren in Christus Jesus!*" Zuerst das Herz, dann der Verstand, denn unsere Gefühle verursachen uns die meisten Probleme.

Das ist echte Psychologie. Der Apostel war ein großer Seelenarzt. Er wusste, dass es zwecklos war, sich mit dem Verstand zu befassen, solange nicht das Herz in Ordnung gebracht war. Darum stellte er das Herz an die erste Stelle. Kennen wir das nicht auch? Wenn wir das Gefühl haben, es ginge uns schlecht, wenn wir in Bedrängnis sind oder ein seelisches Tief durchmachen, so wie der Psalmist, dann beginnen wir, an Gott zu zweifeln, und damit fangen unsere Probleme an. Dabei liegt die Wurzel des Übels darin, dass in unserem Herzen etwas durcheinandergeraten ist und wir uns von ihm beherrschen und kontrollieren lassen. Die Gefühle haben sich unser bemächtigt und machen uns für alles andere blind.

Jedes Problem, jede Auseinandersetzung und jeder Streit sind letztlich darauf zurückzuführen. Jeder Familienzwist, jeder Streit zwischen Mann und Frau, jeder Zank unter Verwandten, jeder Kampf zwischen Gruppen und Klassen, jeder Konflikt zwischen den Völkern ist letztlich eine Folge der Tatsache, dass unser „Ich" von unseren Gefühlen beherrscht wird. Wenn wir einmal in Ruhe darüber nachdenken, müssen wir jedoch zugeben, wie verkehrt das ist. Denn letztendlich bringen wir damit zum Ausdruck, dass wir uns selbst für vollkommen halten und alle anderen Unrecht haben. Und das kann ja nicht stimmen, denn alle anderen behaupten dasselbe von sich. Wir alle neigen dazu, zu sagen: „Die anderen behandeln mich nicht fair. Immer werde ich missverstanden, und ständig werde ich falsch behandelt." Und alle anderen sagen von sich das Gleiche. Wir werden von unserem Ich beherrscht, wir leben von unseren Gefühlen und lassen uns in erstaunlichem Maße von ihnen leiten. Darin besteht unser Problem.

Jeder kennt das aus eigener Erfahrung. Wir beziehen in irgendeiner Sache Stellung und sagen: „Ich sehe nicht ein, warum ich nachgeben soll." Daran halten wir fest und meinen im Grunde: „Ich? Was habe ich getan? Warum werde ich so behandelt?" – *„Als mein Herz verbittert war und ich in meinen Nieren das Stechen fühlte ...*" Stets ist es das Herz. Das Prinzip, das ich hier hervorheben möchte, lautet: Wenn das Ich im Vormarsch ist, spielt es immer mit unseren Gefühlen. Einer echten intellektuellen Prüfung kann es nicht standhalten. Wenn wir uns nur einmal die Zeit nähmen, darüber nachzudenken, würden wir erkennen, wie töricht wir sind. Dann würden wir sagen: „Ich empfinde in dieser Weise; der andere aber auch. Ich behaupte dieses, und er behauptet das Gleiche. Offensichtlich glauben wir beide, wir seien im Recht. Also müssen wir auch beide irgendwo Schuld haben. Ich bin nicht besser als er." „Der da am Boden liegt", sagt John Bunyan, „braucht den Fall nicht zu fürchten; der da niedrig ist, nicht den Stolz."

Wir müssen es lernen, noch besser auf unser Herz aufzupassen. Es überrascht nicht, dass es in der Bibel heißt: *„Gib mir, mein Sohn, dein Herz"* (Spr 23,26), und dass Jeremia sagt: *„Überaus trügerisch ist das Herz und bösartig; wer kann es ergründen?"* (Jer 17,9). Wie töricht wir mit all unseren psychologischen Erkenntnissen doch sind! Wie gerne behaupten wir von anderen: „Der, weißt du, der ist nicht sehr intelligent; er versteht nicht viel, aber er hat ein gutes Herz." Doch das ist verkehrt. Wie gering unsere Intelligenz auch sein mag, unser Verstand ist immer noch viel besser als unser Herz. Oder anders ausgedrückt: das Problem des Menschen ist nicht, dass er denkt, sondern dass er nicht denkt.

Unser armer Psalmist wurde von seinem Herzen beherrscht; aber er wusste es nicht. Er dachte, er würde vernünftig argumentieren. Aber „trügerisch ist das Herz und bösartig". Es ist klug und raffiniert, darum müssen wir ständig darauf aufpassen. In Johannes 3,19 lesen wir: *„Darin aber besteht das Gericht, dass das Licht in die Welt gekommen ist, und die Menschen liebten die Finsternis mehr als das Licht; denn ihre Werke waren böse."* Es ist das Herz, das verkehrt ist. Bedenken wir deshalb die Worte eines weisen Mannes: *„Mehr als alles andere behüte dein Herz; denn von ihm geht das Leben aus"* (Spr 4,23). Achten wir auf unser Herz, achten wir auf uns selbst, achten wir auf unsere Gefühle! Ist Unser Herz verbittert, dann ist auch alles andere finster, und nichts erscheint uns recht. Es ist das Herz, das alles regiert, und wenn es betrübt und verbittert ist, dann gibt es nur eine Hilfe. Es muss zu Gott kommen wie der Psalmist und erkennen, dass Gott in seiner unendlichen Liebe und Gnade, in seiner Güte und seinem Erbarmen seinen Sohn in die Welt schickte und am Kreuz sterben ließ, damit wir erkennen, wie schuldig wir sind, und damit uns vergeben werde; damit wir wieder ein reines Herz bekommen und die Bitte Davids erfüllt werde: *„Erschaffe mir, o Gott, ein reines Herz"* (Ps 51,12). Dieses Gebet hat in Christus eine Antwort gefunden. Er vermag das Herz zu reinigen und die Seele zu heiligen.

Ein reines Herz, Herr, schaff in mir,
schließ zu der Sünde Tor und Tür;
vertreibe sie und lass nicht zu,
dass sie in meinem Herzen ruh.

Dir öffn ich, Jesu, meine Tür,
ach komm und wohne du bei mir;
treib all Unreinigkeit hinaus
aus deinem Tempel, deinem Haus.[14]

Wenn ein Mensch erst einmal sich selbst und die Trotzigkeit seines Herzens erkannt hat, dann weiß er, dass er zu Christus fliehen muss. Dort findet er Vergebung und Reinigung, ein neues Leben, ein neues Wesen und ein neues Herz. Dank sei Gott für sein Evangelium, das dem Menschen ein neues Herz und einen neuen Geist schenken kann.

14 Text: Heinrich Georg Neuss 1703.

# 7.

# Geistliche Allergie

***„Als mein Herz verbittert war und ich in meinen Nieren das Stechen fühlte, da war ich töricht und verstand nichts; ich verhielt mich wie ein Vieh gegen dich"***

(Psalm 73,21-22)

Wie wir gesehen haben, sagt uns der Psalmist in diesen zwei Versen, wie er erkennen durfte, dass sein ganzes Denken völlig verkehrt gewesen war; nicht nur sein Denken über die Gottlosen oder über Gott, sondern auch über sich selbst. Er hatte die große Entdeckung gemacht, dass die Wurzel all seiner Probleme in seinem eigenen Ich zu finden war. Da liegt der Schlüssel zu allen Schwierigkeiten. Weil das Ich immer wieder die Herrschaft übernehmen will, gibt es in unserem Leben so viele Probleme, so viel Durcheinander. Wir haben gesehen, wie ehrlich, wie geradezu brutal ehrlich der Psalmist sich selbst gegenüber war. Und wenn wir sein Zeugnis nun weiter betrachten, wird das noch deutlicher werden. Er warf nicht nur einen flüchtigen Blick auf sich selbst, um dann schnell alles zu vergessen und zu anderen Dingen überzugehen. Er blieb stehen und schaute sich an. Er wich nicht aus, sondern blickte unverwandt in den Spiegel und prüfte sich bis ins kleinste Detail.

Das ist ungeheuer wichtig. Es kann in unserem Glaubensleben kein Wachstum geben, solange wir nicht schonungslos offen mit uns selbst sind. Von allen Aspekten des Christseins ist die Selbstprüfung heute vermutlich derjenige, der am meisten vernachlässigt wird. Das liegt zum Teil an einer falschen Lehre, zum andern aber auch daran, dass wir nur äußerst ungern dazu bereit sind, uns selbst wehzutun. Was die Bibel wirklich von uns fordert, ist wohl eindeutig. Jeder wahrhaft gläubige und heilige Mensch zeichnet sich dadurch aus, dass er sich selbst immer wieder prüft, dass er sich nicht ausweicht, sondern schonungslos mit sich ins Gericht geht. Der Psalmist war ein solcher Mensch, und er musste zugeben, dass das Ich die eigentliche Ursache seiner Probleme war.

Dann machte er noch eine weitere wichtige Entdeckung. Wenn das Ich die Herrschaft an sich gerissen hat, so erkannte er, übernimmt in aller Regel das Herz die Kontrolle über den Verstand. Es ist aber ein trauriger Zustand, wenn unser Denken vom Gefühl regiert wird. Das war so nicht geplant. Der Geist, der Verstand ist des Menschen höchste Gabe. Er ist ein Teil des göttlichen Abbilds im Menschen. Die Fähigkeit, logisch zu denken, zu verstehen und zu erkennen, warum wir gewisse Dinge tun und ob wir sie überhaupt tun sollten, ist eines der Elemente, die den Menschen vom Tier unterscheiden. Wenn wir also feststellen, dass unser Denken von den Gefühlen gesteuert wird, dann steht es schlimm um uns. Dann geht es uns wie dem Psalmisten, bei dem das Herz vor dem Verstand kam. Die Bibel zeigt sich über diesen Zustand sehr besorgt, und an zahlreichen Stellen fordert sie uns auf, sorgsam über unser Herz zu wachen, *„denn von ihm geht das Leben aus"* (Spr 4,23). Das Herz muss sich der Wahrheit unterordnen. Darum werden wir gedrängt, nach Weisheit zu suchen und Wissen zu erwerben. Es darf niemals der Eindruck entstehen, ein Christ würde man dann, wenn man nicht mehr denke und nur noch auf das Herz höre. Ein Christ ist ein Mensch, der an die Wahrheit glaubt, der sie akzeptiert und sich ihr unterwirft. Er erkennt sie, wird von ihr angerührt und handelt danach. Wenn in der Heiligen Schrift vom Herzen gesprochen wird, sind damit nicht nur die Emotionen, sondern auch der Geist gemeint; Buße aber bedeutet eine Veränderung des Geistes.

Wir wollen nun untersuchen, was der Psalmist im Einzelnen an sich entdeckte. Er erzählt es uns in den vorliegenden Versen. Nachdem er seine Situation im rechten Licht sah, erkannte er zunächst einmal, dass er für seine Schwierigkeiten und sein Unglück zum großen Teil selbst verantwortlich war. Im Heiligtum Gottes wurde ihm bewusst, dass gar nicht die Gottlosen sein Problem waren, sondern er selbst. Er hatte sich selbst in diese Lage „hineingesteigert". Einen Beleg dafür finden wir in Vers 21: *„Als mein Herz verbittert war und ich in meinen Nieren das Stechen fühlte."* Aus dieser Formulierung könnte man schließen, dass sein Herz von außen angegriffen, dass seinen Nieren etwas zugefügt worden war, die nach damaligem Verständnis ebenfalls ein Sitz der Gefühle waren. In Wirklichkeit sagt uns der Psalmist aber etwas ganz anderes. Die Worte, die er hier gebraucht, sind nämlich im Urtext reflexiv. Er sagt damit aus, dass er sich selbst etwas zugefügt hat: „Ich habe mein Herz verbittert", und in Bezug auf die Nieren könnte man übersetzen: „Ich bereitete mir selbst einen stechenden Schmerz." Er selbst tat das. Er selbst hatte sein Herz aufgewühlt; er selbst hatte sein Leid verschlimmert; er selbst hatte sich verbittert und so den stechenden Schmerz ausgelöst, den er ertragen musste, bis er in das Heiligtum Gottes ging.

Hier zeigt sich ein ganz wichtiges Prinzip. Es ist leider so – und muss das nicht ein jeder von uns, wenn er sich ehrlich vor Gott prüft, zugeben –, dass wir alle dazu neigen, uns unsere Probleme selbst zu schaffen und zu vergrößern. Und natürlich neigen auch wir dazu, wie der Psalmist vor seinem Gang ins Heiligtum, äußere Umstände für unsere Schwierigkeiten verantwortlich zu machen. Aber nicht die äußeren Umstände sind es, wir sind es selbst. Ich habe einmal einen Satz gelesen, der meinem Empfinden nach recht gut in diesen Zusammenhang passt: „Nicht auf das Leben kommt es an, sondern auf den Mut, den man ihm entgegenbringt." Das bedeutet nicht, dass ich den Mut als Lebensphilosophie akzeptiere; ich zitiere diesen Satz nur, weil er, wenngleich falsch formuliert, ein Körnchen Wahrheit enthält. „Nicht auf das Leben kommt es an." Ja, worauf denn? Auf dich und mich und die Art, wie wir uns dem Leben stellen, wie wir reagieren und wie wir uns ihm gegenüber verhalten. Das lässt sich ganz einfach veranschaulichen. Nehmen wir einmal an, zwei Menschen leben unter gleichen Bedingungen und führen die gleiche Art von Leben. Trotzdem sind sie völlig voneinander verschieden. Der eine ist verbittert und traurig, er murrt und jammert; der andere ist ruhig und ausgeglichen, heiter und gelassen. Warum sind sie so verschieden? Nicht die Lebensbedingungen sind die Ursache, nicht das, was sie erleben. Der Grund liegt in *ihnen*, in den beiden Personen selbst. Dafür gäbe es unzählige Beispiele. Es gibt einen Reim, der lautet so:

*Zwei Männer blickten durchs Gitter von ferne,*
*der eine sah Schlamm und der andere Sterne.*

Der eine blickte zu Boden, der andere nach oben. Nicht das Leben ist es, nicht die Umstände, nicht die Gottlosen, nichts von alledem; wir sind es selbst. Der Psalmist hat das erkannt; er sah ein, dass er sich seine Probleme selbst geschaffen, dass er sie übertrieben und verschlimmert hatte. Er selbst hatte sein Herz bitter gemacht.

Gott weiß, dass wir alle in dieser Beziehung schuldig sind. Es ist nicht der äußere Anlass, auf den es ankommt – ihn gibt es natürlich –, sondern es ist allein unsere Reaktion auf ihn, die darüber bestimmt, was weiterhin mit uns geschieht. Das ist das Entscheidende, und das müssen wir erkennen. Es gibt ein Sprichwort, das dies sehr gut zum Ausdruck bringt. Von gewissen Leuten sagen wir, sie machen aus einer Mücke einen Elefanten. Irgendetwas ist ihnen begegnet, das ist nicht zu leugnen. Auch eine Mücke ist schließlich etwas. Man braucht ja etwas, worauf man aufbauen kann. Aber der Anlass war doch sehr klein, wirklich nur eine Mücke. Der Psalmist machte daraus einen Elefanten. Er bauschte es zu einer riesigen Sache auf, bis er schließlich glaubte, vor einem Berg von Problemen zu stehen. Doch das war gar nicht der Fall. Er hatte aus einer Mücke einen Elefanten gemacht. Und genauso machen wir es. Wir regen uns auf und machen uns Sorgen, bis wir in einer ähnlich misslichen Lage sind.

Der Begriff „sich in eine Sache hineinsteigern" drückt dies sehr gut aus. Es stimmt, wir selbst steigern uns in etwas hinein. Oder anders ausgedrückt: Unsere Reaktion entspricht in keiner Weise dem Anlass. Das liegt ganz offensichtlich daran, dass wir innerlich aus dem Gleichgewicht geraten, dass wir nicht in der richtigen Verfassung sind. Wir sind überempfindlich. Man spricht heute gerne davon, dass man auf etwas allergisch ist. Aber was bedeutet das? Es bedeutet, dass wir überempfindlich sind. Es gibt Menschen, die bekommen sofort einen Asthmaanfall, wenn eine Katze im gleichen Raum ist. Andere können nicht an einer Wiese vorbeigehen, ohne Heuschnupfen zu bekommen. Wir alle kennen das. Die Fachleute sagen, das liege am Pollenflug oder am Staub, der in der Luft ist. Aber es sind natürlich nicht nur die Pollen, denn andere Leute können an derselben Heuwiese vorbeigehen, ohne dass ihnen etwas geschieht. Die Pollen sind zweifellos da. Doch nicht wegen ihnen leidet der Mensch unter Heufieber, sondern weil er überempfindlich, weil er dagegen allergisch ist. Das zeigt uns ganz plastisch, was der Psalmist für sich entdeckt. Aber auch dabei bleibt er nicht stehen, und das ist gut so. Er bekennt, dass er sich in diese Empfindlichkeit selbst hineingesteigert hat. So etwas geschieht schnell.

Wir können unser Herz selbst überempfindlich machen. Wir können es hätscheln und verwöhnen; und je mehr wir das tun, desto lieber mag es das Herz und desto stärker bemitleiden wir uns selbst. Wir können uns so in etwas hineinsteigern, dass schon der geringste Anlass genügt, um riesige Probleme aufzuwerfen. Wenn wir in einem Dynamitfass ein Streichholz – nur eines – anzünden, dann gibt es eine fürchterliche Explosion. Aber das liegt nicht in erster Linie an dem Streichholz, sondern an dem Fass Dynamit.

Das erkannte der Psalmist. Er hatte sich in seiner Meinung über die Gottlosen vollkommen geirrt. Er hatte gedacht, sie allein seien die Ursache seiner Probleme. Nun entdeckte er, dass das nicht stimmte. Er selbst hatte sein Herz in diesen törichten Zustand hineingesteigert; er war überempfindlich geworden. Und wenn man in solch einer Verfassung ist, dann genügt schon der kleinste Anlass, um eine Explosion auszulösen. Wir alle wissen, wovon ich rede. Aber erkennen wir auch, wo wir selbst genauso reagieren? Wenn wir mit uns selbst reden, empfinden wir dann auch jedes Mal Mitleid? Wenn ja, dann begehen wir den gleichen Fehler wie der Psalmist. Wir vergrößern die krankhafte Überempfindlichkeit nur noch und können dann mit Sicherheit auf schmerzhafte Erfahrungen gefasst sein. So etwas nennt man Masochismus. Diese Art von Perversion ist uns nicht fremd, jeder von uns macht sich ihrer mehr oder weniger schuldig. Es ist ein seltsamer Zug der menschlichen Natur und eine der schlimmsten Folgen des Sündenfalls, dass wir eine perverse Freude – denn das ist sie – daran haben, uns selbst wehzutun. Es ist eigenartig, aber wir genießen unser Elend, weil wir uns dabei selbst bemitleiden können. Und das macht alles so kompliziert. Wir fühlen uns zwar zutiefst elend und unglücklich, aber gleichzeitig klammern wir uns an unserem Elend fest, weil wir daraus eine Art perverses Vergnügen beziehen. Wir sind immer noch darauf bedacht, unser eigenes Ich zu schützen und zu verherrlichen.

All dies entdeckte der Psalmist im Heiligtum Gottes. Er hatte sich selbst bedauert. Er hatte sein eigenes Elend verursacht und genährt. Er hatte die ganze Angelegenheit immer mehr aufgebauscht, anstatt sie nüchtern in Augenschein zu nehmen. Er war gar nicht in so großen Schwierigkeiten; es war eigentlich alles gar nicht so schlimm. Die schweren Stunden hatte er sich selbst bereitet, weil er die Dinge von der falschen Seite aus betrachtete – töricht, wie er war! Sind wir ihm zuweilen nicht sehr ähnlich – törichte Geschöpfe, die wir sind?

Das genaue Gegenteil einer solchen Gemütsverfassung wird in Philipper 4,11-13 beschrieben. Paulus schreibt dort: „... *ich habe nämlich gelernt, mit der Lage zufrieden zu sein, in der ich mich befinde. Denn ich verstehe mich aufs Armsein, ich verstehe mich aber auch aufs Reichsein; ich bin mit allem und jedem vertraut, sowohl satt zu sein als auch zu hungern, sowohl Überfluss zu haben als auch Mangel zu leiden. Ich vermag alles durch den, der mich stark macht, Christus."* Mit anderen Worten, er, Paulus, braucht nicht mehr überempfindlich zu sein. Er hat einen Zustand erreicht, in dem es für ihn nicht mehr so wichtig ist, was mit ihm geschieht; nichts wirft ihn mehr aus der Bahn. „Ich habe nämlich gelernt ..." Das sollte jeder Christ von sich sagen können. Wer nicht Christ ist, kann das nicht. Er gleicht eher jenem Pulverfass; man weiß nie genau, wann die Explosion kommt. Der kleinste Nadelstich bringt ihn in Aufruhr; wenn es um sein Ich geht, ist er überempfindlich. Der Apostel Paulus erinnert uns mit seinen Worten jedoch an die Weisung, die der Herr seinen Jüngern gab: *„Wenn jemand mir nachkommen will, so verleugne er sich selbst"* (Mt 16,24). Das Ich muss zuerst beiseite geschoben werden, dann geht es weiter: *„... und nehme sein Kreuz auf sich und folge mir nach!"* Weil sein Ich entthront und in den Hintergrund geschoben wurde, verliert der Jünger seine Überempfindlichkeit und muss nicht mehr bei jedem kleinsten Anlass Probleme sehen. Er ist ausgeglichen, weil sein Ich nicht mehr die Hauptrolle spielt, und er lebt für Christus.

Wir wollen uns selbst einmal diesbezüglich prüfen. Denken wir an unsere Unzufriedenheiten, an alle Not, alle Kränkungen und Beleidigungen und an all die anderen Dinge, von denen wir meinen, dass sie uns aufgebürdet wurden, auch alles Unverständnis, mit dem man uns begegnet ist. Im Lichte der Worte Jesu aus Matthäus 16 werden wir sicher sofort erkennen, wie klein und unwichtig das alles war. Wir haben uns in etwas hineingesteigert, wo in Wirklichkeit kaum etwas war. Wir haben aus Mücken Elefanten gemacht. Wenn wir einmal aufzählen würden, worüber wir uns schon aufgeregt haben, müssten wir uns zutiefst schämen. Wie kleinlich, wie jämmerlich wir doch sein können!

Als Nächstes entdeckte der Psalmist, dass er dumm geworden war. *„... da war ich töricht"*, heißt es in Vers 22. In einer anderen Übersetzung steht: *„... da war ich dumm"* (Elb 06), und das ist ein viel besseres Wort. Er war wie ein Tier, das keinen Verstand hat. Zwar ist das in einer Situation, wie wir sie hier untersuchen, nichts Ungewöhnliches, aber was bedeutet es konkret? *„... da* ***war ich*** *dumm und verstand nicht." „... wie ein Tier* ***war ich*** – er wiederholt es – *bei dir"* (Elb 06). Wieder fällt uns seine Ehrlichkeit auf, seine Wahrhaftigkeit im Umgang mit sich selbst. Er schont sich nicht; er hat die Wahrheit über sich erkannt und spricht sie aus: „... *wie ein Tier war ich bei dir.*"

Was meint er damit? Zunächst einmal gibt er zu verstehen, dass er seinem Instinkt folgte. Wir haben schon an anderer Stelle den Unterschied zwischen Mensch und Tier erwähnt. Verstand, Vernunft und Denkvermögen sind sicher die höchsten Gaben, die Gott dem Menschen gegeben hat. Ein Tier mag noch so lernfähig sein, es fehlt ihm die Fähigkeit, logisch und vernünftig zu denken, auch wenn es zuweilen einen gegenteiligen Eindruck erweckt. Ihm fehlt die Fähigkeit, das eigene Wesen und das eigene Handeln gewissermaßen von außen zu betrachten. Nur der Mensch vermag das, es ist Teil seiner Ebenbildlichkeit mit Gott. Das Tier hingegen handelt instinktiv. Wir wollen keine Zeit darauf verwenden, das hier näher auszumalen. Aber denken wir nur einmal an das Verhalten der Zugvögel. Untersuchungen haben gezeigt, dass es weniger von der Intelligenz als vielmehr vom Instinkt bestimmt wird. Das Verhalten der Tiere ist also eher ein instinktives Reagieren auf äußere Reize. Und nun erzählt uns der Psalmist, dass er sich genauso verhalten hat. Er hatte sich nicht die Zeit genommen, sein Problem abzuwägen und vernünftig zu überdenken. Dumm zu sein, bedeutet, nicht logisch denken zu können. Wir alle sind aber dazu geschaffen, logisch, vernünftig und zusammenhängend zu denken. Der Psalmist hatte das nicht getan. Wie ein Tier hatte er sofort und mechanisch auf einen Reiz reagiert, ohne zu überlegen. Und wenn wir uns genau betrachten, müssen wir alle zugeben, dass auch wir zu solch einem Verhalten neigen – selbst wenn es höchst unchristlich ist.

Es sollte einer der großen Unterschiede zwischen einem Christen und einem Nichtchristen sein, dass der Christ immer eine gewisse Zeit verstreichen lässt, ehe er auf einen Reiz reagiert. Der Christ sollte immer versuchen, die Dinge in einem anderen Zusammenhang zu sehen. Er sollte nachdenken; er sollte keine voreiligen Schlüsse ziehen; er sollte sich gründlich mit den Problemen auseinandersetzen. Mit anderen Worten, die Fähigkeit zu denken, logisch, klar und geistlich zu denken, sollte Kennzeichen eines jeden Christen sein. Ist das nicht auch das Thema aller neutestamentlichen Briefe? Die Briefe des Neuen Testaments wurden an Christen wie uns geschrieben, die ihre Probleme und Schwierigkeiten hatten, und in allen Briefen heißt es: „Reagiert nicht einfach auf die Dinge; denkt nach; versucht, sie im Zusammenhang mit dem Vorsatz Gottes zu sehen. Bringt sie in Verbindung mit der

Erlösungstat Christi und mit eurem Christsein. Wenn ihr das tut, werdet ihr feststellen, dass sich euer Denken verändert." Der Christ denkt anders als ein Nichtchrist. Seine Gedanken sind logisch, klar, ruhig, beherrscht und ausgeglichen, vor allem aber sind sie geistlich. Er sieht alles unter dem Aspekt der großen Wahrheit, die ihm das Neue Testament verkündet. Ein Tier kann das nicht. „... *ich verhielt mich wie ein Vieh gegen dich ... da war ich töricht ...*" Ein solches Verhalten ist nicht nur dem eines Tieres ähnlich, auch Kinder reagieren so. Ihr Denkvermögen ist noch nicht voll entwickelt und ausgereift, darum ziehen auch sie vorschnelle Schlüsse und reagieren auf Reize wie die Tiere. Sie müssen es noch lernen, zu denken, zu überlegen und nicht töricht, dumm zu sein.

Der Psalmist merkte, dass er auch noch in anderer Beziehung dumm gewesen war. Er hatte sich ein Bild von einem gottesfürchtigen Leben gemacht, das völlig verkehrt war. Er hatte gehofft, sein Leben werde immerwährende Freude, ein einziges Fest voller Sonnenschein und Glück sein. Darum beklagte er sich: „*Ganz umsonst habe ich mein Herz rein erhalten und meine Hände in Unschuld gewaschen; denn ich bin doch den ganzen Tag geplagt worden, und meine Züchtigung war jeden Morgen da!*" Ich möchte einmal ganz offen fragen, gilt das nicht auch für jeden von uns? Wir alle sind doch gern bereit, all die Geschenke und Vergnügungen, alle Freuden und alles Glück anzunehmen, ohne viel mit Gott darüber zu reden. Aber sobald etwas schiefgeht, fangen wir an zu murren. Gesundheit und Kraft, Nahrung und Kleidung, die Menschen, die wir lieben – all das halten wir für selbstverständlich. Aber sobald etwas nicht so läuft, wie wir es wünschen, jammern und klagen wir: „Warum tut Gott mir das an? Warum passiert das gerade mir?" Wie lange dauert es, bis wir Danke sagen, und wie schnell sind wir am schimpfen! Auch das erinnert an die Tiere. Sie lassen sich gerne hätscheln und streicheln. Sie fressen und genießen ihr Futter. Wenn wir sie aber züchtigen, dann mögen sie das nicht. Und ähnlich ist es auch mit den Kindern. Sie nehmen alles, was wir ihnen geben. Halten wir aber etwas zurück, was sie gerne hätten, werden sie böse. Das aber ist dumm und beweist, dass ihr Denkvermögen noch nicht ausgereift ist. Und doch – wie oft verhalten auch wir uns so! Wie der Psalmist.

Ich möchte es noch anders formulieren. Der Psalmist hatte die Segnungen und Freuden Gottes als selbstverständlich hingenommen. Wir alle nehmen anscheinend ganz selbstverständlich an, wir hätten ein Anrecht darauf und sie ständen uns jederzeit zu. Deswegen beginnen wir, sobald sie uns verweigert werden, sofort zu zweifeln und zu fragen. Der Psalmist hätte sich sagen sollen: „Ich bin ein gottesfürchtiger Mann. Ich glaube an Gott und führe ein gottgefälliges Leben. Ich weiß einiges über das Wesen Gottes, daran lässt sich nicht rütteln. Nun habe ich im Moment Schweres durchzumachen, und ich sehe, dass es den Gottlosen viel besser geht als mir. Aber dafür muss es ja Gründe geben." Und dann hätte er nach diesen Gründen suchen müssen. Ganz sicher wäre er dabei zu der Erkenntnis gekommen, dass Gott mit alledem ein ganz bestimmtes Ziel verfolgte. „Das weiß ich bestimmt", hätte er sich sagen müssen, „und auch wenn ich sein Handeln nicht bis ins Letzte begreife, Gott hat einen Grund. Das Problem liegt gar nicht da, wo ich vermutet hatte."

Wie lange aber dauert es, bis wir uns zu solcher Einsicht durchringen! Wir denken eher, für uns als Christen dürfe es keine Schwierigkeiten geben, uns müsse alles gelingen und ständig habe die Sonne über uns zu scheinen. Die andern dagegen, die Nichtchristen, die dürfen und sollen ruhig mit Problemen kämpfen. Die Bibel allerdings macht uns nirgendwo solche Versprechungen. Sie verheißt vielmehr, *„dass wir durch viele Bedrängnisse in das Reich Gottes eingehen müssen"* (Apg 14,22). *„Denn euch wurde, was Christus betrifft, die Gnade verliehen, nicht nur an ihn zu glauben, sondern auch um seinetwillen zu leiden"* (Phil 1,29). Wenn wir also anfangen nachzudenken, werden wir sehr bald erkennen, dass unsere ersten instinktiven Gedanken mit der Lehre der Bibel nichts gemein haben.

*„... da war ich töricht und verstand nichts; ich verhielt mich wie ein Vieh gegen dich."* Das heißt jedoch auch noch etwas anderes. Wie die Tiere haben auch wir eine Abneigung gegen jede Art von Züchtigung. Ihre Notwendigkeit wollen wir meist nicht einsehen. Sobald Gott uns züchtigt, lehnen wir uns auf und stellen sogar seine Liebe und Güte in Frage. Das hat der Psalmist genau erkannt, wenn er sein Verhalten mit dem Verhalten von Tieren vergleicht. Niemand lässt sich von Natur aus gern züchtigen. Wir folgen lieber unserem Instinkt; wir lassen uns nicht gern befehlen. Tiere wehren sich gegen jeden Versuch, sie zum Gehorsam zu zwingen. Wer sie erziehen will, braucht viel Geduld und muss zuweilen sehr streng sein.

Und das ist auch typisch für den unreifen Christen, den Säugling im Glauben. Er begehrt auf, wenn er zurechtgewiesen wird. Der Schreiber des Hebräerbriefes hat dazu etwas Erstaunliches, ja fast Überraschendes zu sagen: *„Wenn ihr aber ohne Züchtigung seid, an der sie alle Anteil* *bekommen haben, so seid ihr ja unecht und keine Söhne!"* (Hebr 12,8). Wer Gottes Kind ist, wird mit Sicherheit gezüchtigt werden, denn Gott macht uns zur Heiligkeit bereit. Er ist kein nachsichtiger Vater, der wahllos Süßigkeiten austeilt und sich nicht darum kümmert, was aus uns wird. Gott ist heilig, und er bereitet uns auf sich selbst und seine Herrlichkeit vor; weil wir aber so sind, wie wir sind, weil in uns Sünde ist und die Welt so ist, wie sie ist, müssen wir gezüchtigt und zurechtgewiesen werden. Darum schickt Gott uns Trübsale und Prüfungen. Er will uns auf unseren eigenen Wegen Einhalt gebieten, damit wir *„dem Ebenbild seines Sohnes gleichgestaltet … werden"* (Röm 8,29). Aber wir mögen das nicht, und wie die Tiere winseln wir, weil wir den Schmerz verabscheuen. Wenn wir jedoch nur einmal nachdenken würden, wenn wir nicht so dumm wären, dann würden wir Gott sogar für den Schmerz danken und mit dem Verfasser des 119. Psalmes sagen: *„Es ist gut für mich, dass ich gedemütigt wurde"* (Vers 71). Zuweilen denke ich, der Stand unseres Glaubens kann am besten daran gemessen werden, ob wir in der Lage sind, Gott auch für Züchtigungen, für Probleme und Schwierigkeiten zu danken, weil wir erkannt haben, dass er uns damit näher zu sich ziehen will.

Der Psalmist entdeckte weiter, dass er unwissend war. Unwissenheit ist nicht dasselbe wie Dummheit, wenngleich Dummheit meistens zu Unwissenheit führt. Der Psalmist war unwissend im Blick auf die tatsächliche Lage der Gottlosen; er war unwissend im Blick auf Gott, im Blick auf sich selbst und auf den Sinn des Lebens, das er führte. Er hatte Zweck und Ziel eines gottesfürchtigen Lebens vergessen.

Und wenn wir auf Trübsal und Versuchungen genauso reagieren wie der Psalmist, dann gibt es auch über uns letztlich nur eines zu sagen, nämlich dass wir unwissend sind. Dann haben wir nichts davon begriffen, was die Bibel über ein gottgefälliges Leben sagt und besonders nichts von den neutestamentlichen Briefen, die doch alle diese spezielle Unwissenheit beheben wollen. Wer ständig darüber jammert, wie Gott mit ihm umgeht, und sich über seine Züchtigungen beklagt, der gibt damit zu erkennen, dass er entweder die Bibel nicht kennt und das Neue Testament nicht verstanden hat oder aber sich mit voller Absicht unwissend stellt und sich weigert, nachzudenken und das, was er erkannt hat, auch auszuleben. Wir lesen die Briefe der Apostel, doch wir weigern uns, auf ihre Ermahnungen zu hören oder sie womöglich auf uns selbst anzuwenden.

„Unwissend!" Der Psalmist sagt: „Ich habe mich benommen wie ein Unwissender. Ich habe mich benommen, als wüsste ich nichts von

Gott, als wäre ich ein blutiger Anfänger, als hätte ich nie etwas von der Geschichte des Volkes Gottes gehört oder gelesen." Und dasselbe kann von uns gesagt werden. Sobald wir uns von unserem Herzen und unseren Gefühlen beherrschen lassen, werden wir überempfindlich, ja allergisch, und wir benehmen uns, als wüssten wir nichts und wären wie ein Tier in der Gegenwart Gottes.

Das bringt uns zur letzten und bittersten Erkenntnis des Psalmisten: *„Als es mir wehe tat im Herzen und mich stach in meinen Nieren, da war ich ein Narr und wusste nichts, ich war wie ein Tier* ***vor dir***" (LÜ 84). Es war wohl diese Erkenntnis, die unserem Mann schließlich das Herz brach, und sie sollte eigentlich einem jeden von uns das Herz brechen. Im Heiligtum war ihm bewusst geworden, dass er all diese unwürdigen, törichten und dummen Gedanken ja in der Gegenwart Gottes gedacht hatte. „Vor dir." Deswegen der Vergleich mit einem Tier! Stellen wir uns das einmal vor: Alles, was er gedacht und auch beinahe ausgesprochen hatte, geschah in der Gegenwart Gottes! Dabei hatte er völlig vergessen, dass Gott *„ein Richter der Gedanken und Gesinnungen des Herzens"* und dass *„kein Geschöpf ... vor ihm verborgen"* ist, *„sondern alles ist enthüllt und aufgedeckt vor den Augen dessen, dem wir Rechenschaft zu geben haben"* (Hebr 4,12-13). Wenn wir uns das nur klarmachen würden! Dann würden wir uns nie wieder so verhalten wie der Psalmist oder wie wir es selbst zu unserer Schande schon oft getan haben.

Wir alle stehen ständig in der Gegenwart Gottes. Daran sollten wir uns erinnern, wenn wir wieder einmal in unserer Ecke sitzen und uns selbst bedauern und bemitleiden, weil uns jemand verletzt hat oder weil uns irgendetwas zugestoßen ist. Alles, was uns geschieht, geschieht vor den Augen Gottes. Wenn wir fragen: „Ist Gott denn fair zu mir? Ist es etwa recht, dass ich leide, während es den andern gutgeht?", dann sollten wir uns daran erinnern, dass wir dies in der unmittelbaren Gegenwart Gottes fragen. „Vor dir." Der Psalmist hatte die Größe Gottes aus den Augen verloren. Wenn wir nur immer wieder an die Größe Gottes denken würden, dann würden wir manches nie wieder tun. Wenn wir klar erkennen, dass wir in der Gegenwart des Allmächtigen wie eine Fliege, wie eine Heuschrecke, wie Staub sind und dass er uns aus dem Dasein herausnehmen kann, als sei nichts geschehen, dann wird uns jede Prahlerei und jeder Versuch, ihn in Frage zu stellen, vergehen. Wir müssen uns darüber im Klaren sein: *„Gott ist im Himmel, und du bist auf der Erde"* (Pred 5,1), um es es mit den Worten eines weisen Mannes aus dem Alten Testament auszudrücken.

Ganz besonders aber müssen wir uns an die Liebe Gottes erinnern. Der Psalmist erkannte, wie dumm und töricht es von ihm gewesen war, sie in Frage zu stellen. Alles verdankte er ja Gottes Güte und Barmherzigkeit. Wenn also auch uns solch unrechte, unwürdige Gedanken kommen, dann sollten wir uns daran erinnern, dass wir damit den Einen meinen, der uns so sehr geliebt hat, dass er seinen Sohn für uns in diese Welt und in die Schande und Angst von Golgatha schickte. Und doch bringen wir es immer wieder fertig, in seiner unmittelbaren Gegenwart zu jammern und zu klagen. Was für ein Bild geben wir ab, wenn wir in seiner Nähe schmollen – schmollen wie verwöhnte Kinder. Schauen wir einmal ein trotziges Kind an oder ein Tier! Wie lächerlich sie aussehen! Wir aber wirken unendlich viel lächerlicher, wenn wir meinen, in der Gegenwart dieses allmächtigen, heiligen und liebenden Gottes beleidigt sein zu müssen. Nein, da gibt es nichts zu entschuldigen. Der Psalmist hat recht; er sagt die Wahrheit: „Ich war wie ein Tier, unwissend und ungeheuer töricht."

Wie anders reagierte doch der verlorene Sohn, nachdem er wieder zu sich gekommen war. Zweifellos hatte auch er lange Zeit gemeint, ihm werde übel mitgespielt. Er verließ sein Zuhause, um in die Ferne zu ziehen. Er wollte es sich selbst beweisen. Doch manches schlug ihm fehl, und auch er hatte sicher das Gefühl, er würde ungerecht behandelt. Aber dann kam er zur Besinnung. Er kehrte nach Hause zurück und sagte: *„Vater, ich habe gesündigt gegen den Himmel und vor dir, und ich bin nicht mehr wert, dein Sohn zu heißen!"* (Lk 15,21). Damit sagt er nichts anderes als das, was wir gerade erkannt haben. Nichts spricht für uns, keine Entschuldigung, wir waren bloß unsäglich dumm, wie die wilden Tiere. Wir haben nicht nachgedacht, wir haben nicht gründlich überlegt. Wir wollten der Heiligen Schrift nicht gehorchen. Dieses schreckliche „Ich" hat uns beherrscht, und wir sind dabei so überempfindlich geworden, dass wir nichts und niemandem außer uns recht geben wollten. Aber wir wollen unserem Ich entgegentreten; wir wollen ihm die Maske herunterreißen; wir wollen uns selbst bis ins Innerste prüfen und nicht ausweichen. Wir wollen uns so lange in die Augen sehen, bis wir uns unserer selbst schämen. Und dann wollen wir vor den gnädigen und liebenden Gott treten und bekennen, dass wir vor ihm wie Würmer sind, dass wir keinerlei Forderungen zu stellen und auch keinen Anspruch auf Vergebung haben. Wir wollen ihm sagen, dass wir keine schnelle Heilung wünschen, ja, dass wir Heilung eigentlich gar nicht verdient haben.

Unser Problem ist es, dass wir uns oft viel zu schnell heilen wollen. Wir meinen ein Recht auf die Vergebung zu haben. Die Bibel jedoch und das Leben der Heiligen zeigen uns, dass wir, wie der verlorene Sohn, nur Verdammnis verdient haben, dass wir in unserer Dummheit wie Tiere waren und keinerlei Ansprüche an Gott haben. Ja, wir sollten vielmehr darüber staunen, dass Gott uns überhaupt vergeben kann. In diesem Licht wollen wir uns prüfen. Laufen wir zurück zu Gott in der Meinung, er müsse uns ja vergeben? Oder haben wir eher das Gefühl, es stünde uns gar nicht zu, um Vergebung zu bitten? So nämlich empfand unser Psalmist; und so sollte auch jeder echte Christ zunächst einmal empfinden. Als Paulus nach vielen Jahren des Predigtdienstes auf seine Vergangenheit zurückschaute, meinte er noch immer, er sei der größte aller Sünder gewesen. Noch immer erfüllte es ihn mit Staunen, dass Gott ihm vergeben konnte. Er war noch immer ein Sünder, und noch immer staunte er über das Kreuz und die Liebe Gottes in Jesus Christus, unserem Herrn.

# 8.

# „Dennoch“

***„Und dennoch bleibe ich stets bei dir; du hältst mich bei meiner rechten Hand. Du leitest mich nach deinem Rat und nimmst mich danach in Herrlichkeit auf!“***

(Psalm 73,23-24)

Der Entwicklungsprozess, den der Psalmist unter den Angriffen des Teufels durchläuft, ist äußerst spannend. Wir beobachten ihn, wie er einen Schritt nach dem anderen macht und von einer Stufe auf die nächste steigt. Und alle, die eine ähnliche Erfahrung durchgemacht haben, wissen, dass jeder einzelne dieser Schritte notwendig ist. Deshalb wollen wir jede Bewegung des Psalmisten genau beobachten. Es gibt kaum etwas Lohnenderes, als die Heilung einer Seele mitzuerleben. Der Psalmist hat die Tiefen inzwischen hinter sich gelassen, er befindet sich auf dem Weg nach oben, zu seiner Genesung; im Moment ist er jedoch noch immer mit sich selbst beschäftigt.

Bis in den Staub hat er sich erniedrigt, in Sack und Asche hat er sich gekleidet. Er hat eingesehen, dass ein Mensch, der in der Gegenwart Gottes grollt und schmollt, kaum zu entschuldigen ist. Doch dabei bleibt er nicht stehen. Er fährt fort mit diesem bedeutungsschweren Wort „dennoch“. In diesem einen Wort ist, so möchte man sagen, das ganze Evangelium enthalten. Es gibt mehrere solcher Worte; „aber“ gehört auch dazu. Wie oft werden diese kleinen Worte benutzt, um auf das

Evangelium hinzuweisen. Sie machen den ganzen Gegensatz deutlich zwischen dem, der um die Frohe Botschaft weiß, und dem, der sie nicht kennt. Im Grunde nämlich kann auch der Ungläubige bis zu dem Punkt gelangen, den der Psalmist hier erreicht hat. Doch anders als der Wissende, der Christ, wird er dort haltmachen. Der Christ jedoch wendet sich, nachdem er die Tiefen durchschritten hat, wieder um. „Aber", „dennoch" – und dann folgt das Evangelium. So war es auch im Falle des Psalmisten. „Dennoch", dieses Wort ist sehr wichtig, und die beiden Verse, mit denen wir uns nun beschäftigen, sind von allergrößter Bedeutung.

Wer prüfen will, ob sein Christsein wirklich echt ist, der sollte sich einmal fragen, ob er dieses „dennoch" sagen kann. Kennen wir dieses gesegnete „aber"? Bleiben wir am Ende von Vers 22 stehen, oder gehen wir weiter? Der natürliche Mensch, sei er auch noch so edel, würde dort haltmachen. Es gibt sie überall, die guten Menschen, die keine Christen sind – moralisch hochstehend und äußerst gewissenhaft, und von Zeit zu Zeit lesen wir, dass einer von ihnen Selbstmord begangen hat. Sie nehmen sich das Leben, weil sie dieses „dennoch" nicht sprechen konnten. Sie bleiben in ihrer Selbstkritik stecken und klagen: Ich bin ein Versager, ich habe mich falsch verhalten, ich habe meine Pflicht nicht erfüllt. Bis zu einem gewissen Grad ist solche Selbstanklage zwar richtig, wir sollen uns prüfen und unsere Fehler erkennen. Doch, und das ist die entscheidende Aussage dieser beiden Verse, wir dürfen dabei nicht stehenbleiben. Hören wir an diesem Punkt auf, dann stehen wir tatsächlich in der Gefahr, nur noch im Selbstmord einen Ausweg zu sehen. Und wie viele bleiben an diesem Punkt stehen! Auch viele, menschlich gesprochen, „edle" Charaktere. Sie verurteilen sich selbst und meinen, Menschen wie sie seien für nichts mehr zu gebrauchen. Sie halten sich für nutzlos und wertlos und treten ab. Doch genau an dieser Stelle zeigt sich der ganze Unterschied zwischen einem Christen und einem Nichtchristen. Auch der Christ muss den mühseligen Weg der Selbsterkenntnis gehen; aber gerade dann, wenn er wirklich am Ende ist, öffnet sich die Tür zur Hoffnung, und er kann „dennoch" stammeln.

Dieses Wort erstaunt und macht froh. Ganz beiläufig verbindet es in unserem Text das, was war, mit dem, was für den Psalmisten noch kommen wird. Es ist das entscheidende Glied in der Kette; mehr noch, es ist der Wendepunkt. Wir haben erlebt, wie der Psalmist in immer größere Tiefen hinabstieg; so weit, dass wir meinten, tiefer gehe es nicht. Bis in den Staub hat er sich erniedrigt; nun aber fängt er an, wieder aufzublicken – „dennoch". Und sofort beginnt er den Aufstieg. Er ist wieder in Bewegung, und er wird so weit gelangen, dass er triumphierend ausrufen kann: *„Nur gut ist Gott gegen Israel."* Aber dorthin kommt er nicht mit einem einzigen großen Sprung aus der Tiefe. Es geht in kleinen Schritten und Etappen. Die Leiter, die zum Gipfel führt, hat viele Sprossen, und es ist beeindruckend zu beobachten, wie er eine nach der anderen erklimmt.

Kennen wir dieses „dennoch", wenn wir traurig und ohne Hoffnung sind, wenn uns der Teufel bedrängt, die Fenster und Läden zu schließen, und Finsternis und Verzweiflung uns umhüllen? Haben wir es schon einmal erlebt, wie durch eine Spalte ein Lichtstrahl eindrang, der neue Hoffnung weckte und alles veränderte? Das ist das Ergebnis des befreienden „dennoch".

Nun begegnet uns dieses Wort in unserem Psalm, und es ist interessant und faszinierend, mitzuerleben, wie es dazu kam. Der Psalmist war soweit, dass er sagte: *„... da war ich ein Narr und wusste nichts, ich war wie ein Tier vor dir"* (LÜ 84). Und das machte ihn plötzlich stutzig. Denn mit den Worten „vor dir" sagte er ja im Grunde nichts anderes als *„dennoch bleibe ich stets bei dir"*. Das hieß doch, dass er noch immer in Gottes Gegenwart war. Damit änderte sich alles. Das war die Befreiung. Nachdem er sich selbst verurteilt hat, weil er sich vor den Augen Gottes so töricht benommen und so geschmollt hatte, kann er nun sagen: „Aber ich bin ja immer noch in der Gegenwart Gottes – *‚dennoch bleibe ich stets bei dir'*."

Von dieser Erkenntnis war er so überwältigt, dass er kaum darüber hinwegkam. Er war immer noch in der Gegenwart Gottes! Gott hatte ihn nicht aus seinem Blickfeld verbannt, obwohl er sich in seiner Gegenwart wie ein Narr benommen hatte. Warum hatte er ihn nicht einfach gehen lassen? Warum hatte er ihm nicht die Tür gewiesen und gesagt: „Das ist dein Ende, du bist unwürdig?" Er hatte es nicht getan. Der Psalmist befand sich immer noch in Gottes Gegenwart. Das erfüllte ihn mit Staunen und Überraschung. Das Schicksal, das er so reichlich verdient hätte, wurde ihm nicht zuteil. Warum nicht?

Das bringt uns zum Kern dieser beiden Verse, die uns die ganze Lehre von der Gnade Gottes vermitteln. Wenn uns dieser Psalm eines lehren will, dann dies: Alles, was an unserem Leben gut, alles, was schön ist, verdanken wir ausschließlich der Gnade Gottes. Wer das nicht begreift, hat aus unserer langen Beschäftigung mit dem Psalm nichts gelernt, obwohl er uns in jedem seiner Verse zu verstehen gibt: Wir sind allein Schuldner der Barmherzigkeit. Unser ganzes Leben verdanken wir ausschließlich der Gnade Gottes. Der Psalmist hat das erkannt, und er kleidet es in die Worte: *„Dennoch bleibe ich stets bei dir.“* Damit meint er: „Es ist kaum zu verstehen, dass ich immer noch bei dir bin, dass du mir immer noch erlaubst, in deine Gegenwart zu treten.“ Die wunderbare Gnade Gottes! Was wäre geschehen, wenn er uns nicht aus unseren Selbstvorwürfen und unserer Verzweiflung herausgeholfen hätte; wenn er uns in dem Zustand belassen hätte, in dem wir nur noch die traurige Wahrheit über uns selbst sahen, ohne jeden Hoffnungsschimmer?

Am Beispiel des Psalmisten wollen wir uns nun die vielen Aspekte der Lehre von der Gnade Gottes deutlich machen. Früher einmal waren sie besser bekannt. Da interessierten sich die Menschen noch für die Lehraussagen der Bibel und betrachteten sie nicht nur als Studienobjekt. Die Beschäftigung mit der Bibel bleibt nutzlos und ohne Folgen, wenn sie sich darin erschöpft, die Bedeutung einzelner Worte zu untersuchen. Es geht darum, die biblische Lehre zu erkennen und anzunehmen. In den vorliegenden Versen finden wir eine wunderbare Auslegung der Lehre von der Gnade Gottes. Wir wollen einmal die verschiedenen Unterteilungen verstehen, mit denen man früher so vertraut gewesen ist.

Als Erstes muss hier natürlich Gottes rettende Gnade angeführt werden. Das Erste, was der Psalmist begriff, war, dass Gott ihm trotz allem vergeben hatte, sonst wäre er ja nicht noch immer in Gottes Gegenwart. Hätte Gott ihn so behandelt, wie er es verdiente, dann hätte er ihn hinausgeworfen und ihm für alle Zeiten untersagt, in seine Gegenwart zurückzukehren. Doch das war nicht der Fall – der Psalmist steht noch immer in der Gegenwart Gottes. Und das ist für ihn absoluter Beweis dafür, dass Gott ihm vergeben hat.

Immer wieder wird uns das in den Psalmen bezeugt: *„Er hat nicht mit uns gehandelt nach unseren Sünden und uns nicht vergolten nach unseren Missetaten“* (Ps 103,10). Was wäre, wenn er es doch täte? In Psalm 130,3 heißt es: *„Wenn du, o HERR, Sünden anrechnest, Herr, wer kann bestehen?“* Wir befinden uns in der Gegenwart Gottes; und der einzige Grund dafür ist die Barmherzigkeit Gottes. Wir sind dort nur, weil sein Name Liebe ist. *„Denn so hat Gott die Welt geliebt“* – in all ihrer Sünde, Arroganz, Auflehnung und Schande –, *„dass er seinen eingeborenen Sohn gab, damit jeder, der an ihn glaubt, nicht verloren* *geht, sondern ewiges Leben hat“* (Joh 3,16). Wenn es diese rettende Gnade nicht gäbe, hätte keiner von uns Christ werden können. Gott vergibt uns, obwohl er uns kennt. Wir sind Christen, nicht weil wir so gute Menschen sind, sondern weil Gott Erbarmen mit uns hatte und seinen Sohn für uns in den Tod schickte, gerade weil wir so schlecht waren. Nur durch die Gnade Gottes sind wir errettet worden; wir selbst haben nicht das Mindeste dazu beigetragen. Und wer trotzdem meint, er habe etwas dazu getan, der verleugnet die zentrale Lehre der Bibel. Wer meint, er habe Gott irgendetwas zu bieten, der hat weder den Psalmisten verstanden, noch glaubt er der Botschaft des Neuen Testamentes. Wir sind „allein Schuldner der Barmherzigkeit“. Das wird uns deutlich, wenn wir bedenken, was der Psalmist getan hat, was er beinahe gesagt hätte und wie er sich in der Gegenwart Gottes benommen hat. Wie konnte Gott ihm das vergeben? Warum hat er ihm vergeben? Hatte der Psalmist das in irgendeiner Weise verdient? Nein, er hat es in keiner Weise verdient!

Es gibt für uns nur einen Weg zu Gott: Wir müssen zu ihm kommen und mit dem verlorenen Sohn sagen: „... *ich habe gesündigt gegen den Himmel und vor dir, und ich bin nicht mehr wert, dein Sohn zu heißen!“* (Lk 15,21). Ich möchte noch einmal betonen: Wer meint, er habe irgendeinen Anspruch auf Vergebung, der ist – nach meinem Verständnis – kein Christ. Gnade bedeutet Güte und Freundlichkeit gegenüber Sündern, die sie nicht verdienen. Gott hat sich von nichts anderem leiten lassen als von seiner Liebe, seinem Mitleid, seiner Barmherzigkeit und seiner Gnade. Wenn wir das nicht erkennen, gibt es eigentlich nur eine Erklärung. Dann haben wir noch nie unsere Sünde erkannt, dann haben wir noch nie erlebt, was der Psalmist uns hier geschildert hat. Wer sich in der Gegenwart des heiligen Gottes erst einmal als Narr und als Unwissender erlebt hat, der weiß, dass er die Vergebung nicht verdient hat.

Man kann einen Christen auch noch anders beschreiben. Er ist ein Mensch, der erkannt hat, dass Gott ihm vergeben hat, obwohl er sich selbst nicht vergeben konnte; ein Mensch, der immer wieder darüber staunen muss, dass ihm vergeben wurde; der das nicht für selbstverständlich ansieht, der weiß, dass er darauf keinen Anspruch hatte, sondern vielmehr sagt:

Mir ist Erbarmung widerfahren,
Erbarmung, deren ich nicht wert;
das zähl ich zu dem Wunderbaren,
mein stolzes Herz hat's nie begehrt.
Nun weiß ich das und bin erfreut
und rühme die Barmherzigkeit.

Ich hatte nichts als Zorn verdienet
und soll bei Gott in Gnaden sein;
Gott hat mich mit sich selbst versühnet
und macht durchs Blut des Sohns mich rein.
Wo kam dies her, warum geschieht's?
Erbarmung ist's und weiter nichts.[15]

Das sagt auch der Psalmist. „Dennoch bleibe ich stets bei dir. Trotz allem, was ich getan habe, bin ich noch bei dir; dank deiner Liebe, deines Mitleids und deiner rettenden Gnade." Gott schickte seinen Sohn in diese Welt, obwohl sie so ist, wie sie ist. Wie oft hat er das im Alten Testament verheißen. Wie oft sagte er den Kindern Israel, er habe sie nicht um ihrer Verdienste willen aus Ägypten herausgeführt, sondern wegen seines heiligen Namens, wegen seiner Liebe zu seinem Volk, wegen seines Erbarmens. Und auch das Neue Testament weist immer wieder auf diese rettende Gnade Gottes hin. *„... als wir noch Sünder waren"* (Röm 5,8). *„Denn Christus ist, als wir noch kraftlos waren, zur bestimmten Zeit für Gottlose gestorben"* (Röm 5,6). Gott hat alles getan, was nötig war. Dafür gebührt ihm allein Dank und Ehre. *„Dennoch"* – obgleich ich bin, wie ich bin – *„bleibe ich stets bei dir."*

Wir wollen dem Psalmisten weiter folgen. Nachdem er erkannt hat, dass Gott sich trotz allem, was war, nicht von ihm zurückgezogen hat, beginnt er Rückschau zu halten. *„Und dennoch bleibe ich stets bei dir; du hältst mich bei meiner rechten Hand."* Er sagt uns damit zweierlei:

Zunächst macht er uns auf die zurückhaltende Gnade Gottes aufmerksam. *„... du hältst mich bei meiner rechten Hand."* Das klingt, als würde er sagen: „Als ich abzurutschen drohte, warst du da. Du hast mich zurückgerissen. Du hast mich gerettet." Die Kirchenväter legten großen Wert auf diesen Aspekt der zurückhaltenden Gnade Gottes. Wir hingegen scheinen ihn vergessen zu haben. Wir hören und sprechen kaum noch von ihm. Worum geht es dabei? Der Psalmist

15 Text: Philipp Friedrich Hiller 1767.

gibt uns zu verstehen, dass Gott es war, der ihn gehalten und vor dem schrecklichen Fall bewahrt hat. *„Ich aber – fast wäre ich gestrauchelt mit meinen Füßen, wie leicht hätte ich einen Fehltritt getan!"* Warum aber nur beinahe? Bis zu diesem Augenblick hatte er es nicht gewusst, jetzt beginnt er es zu verstehen. Er war gerettet worden, weil Gott ihn bei seiner rechten Hand gehalten hatte. Gottes Griff war gerade in dem Moment fester geworden, als er endgültig abzustürzen drohte. Gott hatte ihn gehalten.

So hatte der Psalmist das bisher nicht gesehen. Ihm war lediglich bewusst geworden, dass ihm etwas auf der Zunge gebrannt hatte, das nie gesagt werden durfte, weil es die Kinder Gottes verletzt hätte. Woher kam aber diese plötzliche Erkenntnis? *„Wenn ich gesagt hätte: ‚Ich will ebenso reden!' – siehe, so hätte ich treulos gehandelt am Geschlecht deiner Söhne."* Was hatte ihn auf diesen Gedanken gebracht? Jetzt weiß er es. Die Einsicht kam von Gott. Gott hielt ihn bei der rechten Hand und hielt ihn zurück. Gott setzte ihm den Gedanken in den Kopf, der ihn bremste. Das wird ihm jetzt klar, und er macht es zu einem Hauptthema seines Psalms.

Der Verfasser von Psalm 37 weiß Ähnliches zu berichten. Er zeichnet das Bild eines gerechten Menschen und sagt dann: *„Fällt er, so wird er nicht hingestreckt liegen bleiben; denn der HERR stützt seine Hand"* (Ps 37,24). Das ist der gleiche Gedanke. Dabei müssen wir eines besonders beachten. Die Lehre, mit der wir uns hier beschäftigen, besagt nicht, dass ein Christ niemals fällt; das tut er leider, aber er wird nicht „hingestreckt liegen bleiben". Diese Lehre betrifft Menschen, die rückfällig werden, das müssen wir deutlich sehen. Ein solcher Mensch ist offensichtlich jemand, der fällt, aber es ist genauso richtig, zu sagen, dass er ein Mensch ist, der niemals hingestreckt liegen bleiben wird. Viele verstehen diese Lehre nicht. Sie meinen, ein gläubiger Mensch, der in Sünde fällt, könne niemals wirklich Christ gewesen sein. Doch das ist falsch. Einem Christen können seltsame Dinge widerfahren und auch ein Christ kann Seltsames tun. Aber mag er auch fallen – so wird hier gesagt –, er wird nicht „hingestreckt liegen bleiben". Oder anders ausgedrückt: Er steht immer wieder auf und kehrt zurück. Er verharrt nicht in der Sünde. Er ist nur ‚vorübergehend' gefallen. Es gibt Menschen, die erwecken den Eindruck, als seien sie Christen, aber sie haben die Wahrheit letztlich nur mit ihrem Verstand angenommen. Sie haben nie eine Wiedergeburt erlebt und verleugnen letzten Endes, was sie intellektuell bejahen. Sie kann man nicht als ‚Rückfällige' bezeichnen. Diese Bezeichnung gilt nur für echte Christen.

Ein Beispiel soll uns das noch verdeutlichen. Ich erinnere mich an einen Mann, von dem ich und andere fest annahmen, er sei Christ. Plötzlich mussten wir jedoch erleben, wie er anfing, schreckliche Dinge zu tun. Früher war er trunksüchtig gewesen und hatte ein sehr unmoralisches Leben geführt. Dann hatte er sich bekehrt. Er wurde ein treuer Christ und machte im Glauben überraschende Fortschritte. Mit einem Mal aber schien das alles vergessen. Er beging erneut Ehebruch, er bestahl seine Frau. Es war erschreckend, wie er sich benahm. Viele meinten nun, er sei vermutlich niemals wirklich Christ gewesen. Ich hingegen bestand darauf: „Dieser Mann ist immer noch ein Christ; er erlebt nur einen Rückfall. Er wird nicht immer so weitermachen." Zunächst aber wurde es immer schlimmer. Die Leute fragten mich: „Meinst du nicht endlich auch, dass er kein Christ ist?" Ich blieb dabei: „Dieser Mann ist ein Christ; im Augenblick macht er die Hölle durch, aber er wird zurückkommen." Und Gott sei Dank, er kam zurück. Er steht wieder fest und aufrecht und freut sich seines wiedergefundenen Glaubens. Er war gefallen, aber nicht hingestreckt liegen geblieben.

Die Lehre, die uns hier erteilt wird, ist eigentlich grausam, aber sie ist wahr. Die Bibel sagt nicht, ein Wiedergeborener könne niemals mehr sündigen. Sie spricht nicht von Vollkommenheit. Ein Christ sündigt, er kann furchtbar, er kann schrecklich sündigen. Lesen wir 1.Korinther 5. Dort ist von einem Mann die Rede, der eine böse Sünde beging, aber wieder zurückfand. Er hatte solche Schuld auf sich geladen, dass der Apostel ihn nur noch dem Teufel überantworten konnte. Aber er kehrte zurück und wurde wiederhergestellt. Das ist Gottes zurückhaltende Gnade. Manchmal scheint es zwar, als lasse er uns sehr, sehr weit fortlaufen, wenn wir aber seine Kinder sind, dann lässt er uns nie völlig los. Das ist unmöglich.

Was ist dann aber mit Hebräer 6? Dort geht es, so meine ich, um Menschen, die niemals wiedergeboren wurden. Sie waren wohl vorübergehend unter den Einfluss des Heiligen Geistes geraten; aber es gibt keinerlei Hinweis darauf, dass sie wirklich neues Leben empfangen haben. Anders die Wiedergeborenen. Sie können sich zwar weit, aber niemals völlig von Gott entfernen. Wenn sie auf ihr Leben zurückblicken, können sie sagen: „Mein Erbarmer lässt mich nicht." Gott wird uns niemals endgültig gehen lassen. Der Psalmist wäre beinahe gestrauchelt, doch er konnte sagen: *„… du hältst mich bei meiner rechten Hand."* Gott ließ nicht zu, dass er völlig hingestreckt liegen blieb.

In den vorliegenden Versen wird noch ein weiterer Aspekt der Gnade

Gottes deutlich: seine wiederherstellende Gnade. Der Psalmist stellt fest: „... *du hältst mich bei meiner rechten Hand.*" Er schaut zurück und beginnt zu verstehen. Gott hatte ihn bei der rechten Hand gehalten und im entscheidenden Moment zurückgerissen. Aber das war noch nicht alles. Was hatte ihn zurückgebracht? Er war so elend gewesen, so neidisch auf die Törichten. Was hatte ihm die Augen geöffnet? Manch einer wird diese Frage für überflüssig halten. Er wird meinen, wir hätten doch erlebt, wie der Psalmist durch seinen Besuch im Heiligtum zur Einsicht kam. *„So sann ich denn nach, um dies zu verstehen; aber es war vergebliche Mühe in meinen Augen – bis ich in das Heiligtum Gottes ging und auf ihr Ende achtgab."* Der Psalmist gibt uns ja selbst die Antwort. Er wurde wiederhergestellt, weil er sich dazu entschloss, ins Heiligtum zu gehen.

Aber diese Antwort allein wäre zu oberflächlich. Wir wollen weiterfragen: Was veranlasste ihn dazu, ins Heiligtum zu gehen? Er hatte dagestanden und seine Unzufriedenheit gepflegt: „Es ist unfair. Gott ist nicht gerecht. Ich habe meine Hände in Unschuld gewaschen und mein Herz gereinigt, und trotzdem bin ich ständig in Schwierigkeiten. Die Gottlosen dagegen sind unverschämt glücklich." Die Botschaft Gottes schien nicht mehr zu stimmen. Dann verspürte er plötzlich den Drang, ins Heiligtum zu gehen. Doch wodurch wurde dieser Drang ausgelöst? Darauf gibt es nur eine Antwort: durch die wiederherstellende Gnade Gottes. Der Psalmist ging ins Heiligtum, weil Gott ihm das eingegeben hatte. Wir sagen oft so leicht: „Ihm kam der Gedanke ..." Woher aber kommt er? Von Gott, er gibt ihn dem Menschen ein. Ich möchte noch einmal auf den Mann zu sprechen kommen, der in sein altes Leben zurückfiel, Ehebruch beging und seine Frau bestahl und betrog. So ging es mit ihm weiter: Er zog von zu Hause fort nach London und lebte dort mit einer anderen Frau zusammen. Langsam ging sein Geld zur Neige. Und irgendwann fühlte er sich so elend und unglücklich, dass er beschloss, Selbstmord zu begehen. Tiefer ging es nicht mehr. Eines Sonntagabends machte er sich auf den Weg zur Themse, fest entschlossen, sich ins Wasser zu stürzen und allem ein Ende zu machen. Da „kam" ihm plötzlich der Gedanke, unsere Kirche zu betreten. Er trat ein und setzte sich auf die Empore, während ich gerade vor der Gemeinde betete. Ich wusste nichts von seiner Anwesenheit. Aber ich erwähnte in meinem Gebet auch die Liebe, die Gott selbst den rückfällig Gewordenen entgegenbringt. Die Worte kamen mir heraus, ohne dass ich vorher darüber nachgedacht hätte oder wusste, warum ich sie sprach. Es war nur ein unbedeutender, kleiner Satz. Doch für diese arme Seele war er wie ein Lichtstrahl von Gott. Durch diesen einen Satz fand er zurück zu Gott, und heute ist wieder alles in Ordnung mit ihm. Gottes wiederherstellende Gnade! Er war durch die Straßen gegangen, und plötzlich hatte er den Wunsch verspürt, ins Heiligtum zu gehen. Warum? Weil Gott zu ihm sprach. Gott hatte ihm den Gedanken eingegeben, und er ging. Gott war es auch, der mir die Worte eingab, während ich betete. Ich wusste nicht, warum ich gerade so beten musste. Das ist die Weise, in der Gott wirkt.

Die Geschichte der Christenheit ist reich an solchen Begebenheiten. Viele Bücher sind darüber geschrieben worden; und sie alle berichten das Gleiche. Sie erzählen von bekehrten Männern und Frauen, die zurückfielen und sich für viele Jahre scheinbar völlig von Gott entfernten. Als ein Beispiel möchte ich Hugh Redwood nennen. Er war Journalist und sammelte Informationen über das Themse-Hochwasser im Jahre 1927, als er erneut mit der Heilsarmee in Berührung kam. Jahre zuvor war er durch die Heilsarmee zum Glauben gekommen, doch dann war er wieder zurückgefallen. Es bedarf also mitunter einer Überschwemmung, um einen Menschen zu Gott zurückzubringen. Das ist Gottes wiederherstellende Gnade!

Gerade dann, wenn wir an unsere Grenzen stoßen, wenn wir die letzte Hoffnung begraben und in tiefster Verzweiflung versinken, wenn sich uns vielleicht sogar der Gedanke an Selbstmord aufdrängt, dann greift Gott plötzlich ein, vielleicht im allerletzten Moment, und holt uns zurück. Er führt uns zurück, vor allem in die Gemeinschaft mit ihm selbst, aber auch in die Gemeinschaft mit seinen Kindern. Er gibt uns die verlorene Freude zurück. Er holt uns heraus *„aus der Grube des Verderbens, aus dem schmutzigen Schlamm"* (Ps 40,3). Er stellt unsere Füße auf den Fels und festigt unseren Gang.

David, der König Israels, konnte einiges davon berichten. Er hatte so schwer gesündigt, dass Gott keinen anderen Weg sah, als den Propheten Nathan zu ihm zu senden. Der konfrontierte ihn mit Hilfe eines Gleichnisses mit seiner Sünde und sagte zum Schluss ganz offen: *„Du bist der Mann!"* (2.Sam 12). Da erkannte David seine Schuld, und er schrieb den 51. Psalm und bekannte seine Sünde. Dabei blieb er jedoch nicht stehen. Ein Christ bleibt niemals an diesem Punkt stehen. Wer nur Gewissensbisse spürt, der bleibt dort hängen. Der klagt sich selbst an und begeht vielleicht Selbstmord. Ein Christ aber geht weiter und sagt mit David: *„Wasche mich völlig rein … Gib mir wieder die*

*Freude an deinem Heil, und stärke mich mit einem willigen Geist!“* (Ps 51,4.14).

Gottes wiederherstellende Gnade! Er holt die Seele zurück in seiner unübertrefflich großen Liebe und Güte. Wir können die Lehre vielleicht so zusammenfassen: Im Leben eines Christen geschieht nichts aus Zufall. Gibt es etwas Tröstlicheres, etwas Wundervollerers als das Wissen, dass wir in Gottes Hand sind? Er herrscht über allem. Er ist der Allmächtige, der Herr des Universums, der alles nach dem Ratschluss seines ewigen Willens lenkt. Er hat seine Liebe auch mir geschenkt; deshalb kann mir nichts schaden. *„Bei euch aber sind selbst die Haare des Hauptes alle gezählt“* (Mt 18,30). Er wird mich nicht gehen lassen. Ich mag tief in Sünde fallen und weit in die Irre gehen, aber ich werde niemals völlig hingestreckt liegen bleiben. Vor diesem endgültigen Fall wird er mich bewahren. Er wird mich immer zurückführen. *„Er erquickt meine Seele“*, sagt der Psalmist. Und wenn er mich wiederhergestellt hat, weidet er mich „auf grünen Auen“ und führt mich zu „stillen Wassern“. Er wird mich so beschämen, dass ich kaum noch begreifen kann, was ich getan habe. Gottes wiederherstellende Gnade!

Ist nicht unsere Unwissenheit unser Hauptproblem? Wir reden so viel von unseren Entschlüssen und von dem, was wir tun wollen. Aber wir müssen es lernen, anders zu denken und zu erkennen, dass Gott es ist, der alles getan hat. Nicht wir haben uns für Christus entschieden, er war es, der seine Hand auf uns gelegt und uns, wie Paulus sagt, „ergriffen“ hat. Nur deshalb haben wir uns entschieden. Denken wir doch einmal zurück. Warum haben wir uns entschieden? Stand am Anfang nicht die Gnade Gottes? War es nicht diese Gnade, die uns zog? Ohne sie würden wir, auch wenn wir uns für Christus entschieden hätten, bald wieder anders wollen. Wir würden gänzlich abfallen und endgültig weggehen. Doch aus seiner Gnade können wir nicht herausfallen. Unser vernebelter Verstand mag uns das vielleicht vormachen, aber in Wirklichkeit ist es nicht möglich. Am Anfang steht Gottes rettende Gnade; später kommen dann die Augenblicke, in denen wir zurückgehalten werden müssen; und wenn wir gefallen sind, müssen wir aufgerichtet und wiederhergestellt werden. Das alles tut Gott für uns. Er ist es, der in uns wirkt, von Anfang bis Ende; das müssen wir erkennen. Danken wir Gott für seine große Gnade! *„Und dennoch bleibe ich stets bei dir.“* Es ist fast unglaublich, aber es ist wahr: „Ich bin immer noch bei dir!“

# 9.

# Das Beharren der Heiligen bis ans Ende

***„Du leitest mich nach deinem Rat und nimmst mich danach in Herrlichkeit auf!"***

(Psalm 73,24)

Wir haben uns anhand der Geschichte des Psalmisten klargemacht, was die Bibel über die Gnade Gottes lehrt. *„Denn aus Gnade seid ihr errettet durch den Glauben, und das nicht aus euch – Gottes Gabe ist es"*, so lesen wir es in Epheser 2,8. Nur aus Gnade! Gott allein gebührt die Ehre für die Errettung einer jeden Seele. Das war auch der große Leitgedanke der Reformation, den wir nie vergessen dürfen.

Nach dieser allgemeinen Aussage über die Gnade sind wir auf ihre verschiedenen Aspekte zu sprechen gekommen. Da ist als Erstes die „rettende Gnade". So kommt die Gnade zunächst einmal zu uns und bringt uns Vergebung der Sünden. Es folgt die „zurückhaltende Gnade". Wir haben gesehen, dass Gott es war, der den Psalmisten zurückhielt. Er war schon beinahe gestrauchelt. Aber warum fiel er nicht? Er selbst meint, weil er daran dachte, welchen Schaden er damit seinen schwächeren Brüdern zufügen würde. Die Frage ist jedoch: Wer ließ ihn dies denken? Es war Gott. Gott hält uns zurück und bewahrt uns. Gott erlaubt es seinen Kindern, weit abzuirren, so weit, dass andere bisweilen meinen: „Der ist nie ein Kind Gottes gewesen." Doch damit zeigen sie nur, dass sie die Lehre über rückfällige Menschen nicht begriffen haben. Gott kann uns sehr weit fortlaufen lassen, aber er erlaubt uns nie, ganz wegzugehen. Er hält uns bei unserer rechten Hand. Er hält uns zurück.

Als Nächstes haben wir von der „wiederherstellenden Gnade" gesprochen. Gott brachte den Psalmisten zurück und führte ihn in das Heiligtum. Es war nicht nur ein beiläufiger Gedanke, der ihn sagen ließ: „Warum soll ich nicht mal in das Haus Gottes gehen?" Jeder, der schon einmal von Gott weggelaufen ist, wird, wenn er genau darüber nachdenkt, erkennen: Was ich für einen plötzlichen Impuls hielt, war in Wirklichkeit etwas ganz anderes; es war eine Eingebung von Gott. Er nimmt Einfluss auf unseren Geist und auf unsere Gedanken. Er brachte unseren Mann ins Heiligtum und stellte ihn wieder her.

So weit sind wir beim letzten Mal gekommen. Das alles war nun Vergangenheit. Der Psalmist blickt aber noch immer zurück. Er kommt einfach nicht hinweg über dieses erstaunliche „dennoch". „Ich bin immer noch in der Gegenwart Gottes", sagt er. „Gott schaut immer noch auf mich und sorgt sich um mich. Er ist immer noch an mir interessiert, trotz allem, was ich getan habe, und trotz allem, was ich fast getan hätte. Dennoch bleibe ich stets an dir." Er kann es nicht fassen: „Ich bin hier, weil Gott es will und weil er gnädig ist." Nachdem ihm das bewusst geworden ist, wendet er sich der Zukunft zu. Wie wird sie aussehen? Seine Antwort ist klar: „Es wird sich nichts ändern. Ich bleibe in der Hand Gottes, denn du hältst mich bei meiner rechten Hand, *‚du leitest mich nach deinem Rat und nimmst mich danach in Herrlichkeit auf!'*"

Angesichts all dessen, was der Psalmist schon gesagt hat, ist dies zwangsläufig der nächste Schritt. In meinen Augen hängt das Ganze von dieser Aussage ab. Nach allem, was der Psalmist bis jetzt erlebt und erkannt hat, konnte seine Antwort, so meine ich, gar nicht anders ausfallen. Ein Mensch, der seine Vergangenheit so aufarbeitet, wie der Psalmist es getan hat, muss, so möchte ich behaupten, zwangsläufig zu dieser Aussage über seine Zukunft kommen. Andernfalls hat er das, was in der Vergangenheit geschehen ist, noch nicht richtig verstanden. Das Leben des Christen ist eine Ganzheit, die Lehre von der Gnade ist unteilbar; wir können nicht gewisse Teile davon annehmen und andere weglassen. Wir glauben entweder alles oder nichts. Ich meine darum, dass unser Mann im Grunde zu keiner anderen Aussage kommen konnte. Er argumentiert folgendermaßen: „Ich bin zurückgehalten worden. Als ich schon fast gefallen war, hielt mich die mächtige Hand Gottes. Aufgrund seiner Gnade bin ich nun in seiner Gegenwart und kann mich darüber wieder freuen; aufgrund seiner wiederherstellenden Gnade. Es erhebt sich allerdings die Frage: Warum hat Gott mich zurückgehalten? Warum hat er mich wiederhergestellt? Darauf gibt es nur eine Antwort. Er hat es getan, weil ich ihm gehöre, weil er mein Vater ist und ich sein Kind bin. Es war kein Zufall. Gott hat das alles getan wegen der Beziehung, die zwischen uns besteht. Und wenn das stimmt, dann muss er auch in Zukunft genauso handeln."

Um es anders auszudrücken: Ob es uns nun bewusst ist oder nicht, aber in dem hier Beschriebenen geht es um die Lehre vom „Beharren der Heiligen bis ans Ende". Sind wir mit dieser Lehre vertraut? Keine andere von der Reformation verkündete Lehre hat dem Volk Gottes mehr Freude, mehr Zuspruch und mehr Trost bereitet. Schon die Heiligen der neutestamentlichen Zeit haben sich auf sie gestützt, und nichts hat seitdem das Volk Gottes in gleichem Maße gehalten und angespornt. Einige der größten Taten in der Geschichte der Kirche sind auf sie zurückzuführen. Nur diese Lehre lässt uns Menschen wie zum Beispiel die Puritaner verstehen – Menschen, die ihr Leben hingaben, und das voll Freude und Lobpreis. Nur sie erklärt einige der erstaunlichsten Vorfälle während des letzten Krieges; nur sie lässt uns die deutschen Christen verstehen, die es wagten, sich einem Hitler zu widersetzen.

Der Psalmist vermittelt uns diese Lehre mit seiner bemerkenswerten Aussage. Er wendet sich an Gott und sagt: *„Du leitest mich nach deinem Rat und nimmst mich danach in Herrlichkeit auf!"* Die Ausleger sind sich allerdings nicht einig, wie diese Stelle korrekt zu übersetzen ist. Manche stoßen sich an dem Wort „danach". Sie meinen, es müsse heißen: *„... und nach der Herrlichkeit wirst du mich aufnehmen"* (Elb[16]). Doch ob „danach" oder „nach der", der Sinn bleibt der gleiche. Ob wir diese Worte nun in der Gegenwartsform oder in der Zukunftsform wiedergeben, so enthalten sie doch etwas Beständiges. Der Psalmist meint: „Du leitest mich jetzt, und du wirst es weiterhin tun; und dann – danach – Herrlichkeit." Er drückt hier nicht nur eine fromme Hoffnung aus; er ist sich vollkommen sicher. Das geht aus den verbleibenden Versen das Psalms hervor.

Diese Lehre vom „Beharren der Heiligen" finden wir überall in der Bibel, im Alten wie im Neuen Testament. Die Heiligen des Alten Testaments lebten auf dieser Erde in ihrem Licht. Nur sie lässt uns die Helden im Glauben verstehen, die, angefangen bei Abel, in Hebräer

16 *Die Heilige Schrift, Elberfelder Bibel* (Abk.: Elb), nicht revidierte Fassung 1905.

11 erwähnt werden. Besonders sichtbar wird sie im Leben Noahs. Für seine Umgebung war er ein sonderbarer Exzentriker. Er sah so lächerlich aus, wie er die Arche baute. Er war nicht wie die anderen, die für diese Welt lebten. Nein, er bereitete sich auf eine Katastrophe vor. Und warum tat er das? Weil er Gott kannte, weil er ihm vertraute und nur ihm gefallen wollte. Hebräer 11,13-16 beschreibt diese Lehre auf großartige Weise:

*„Diese alle sind im Glauben gestorben, ohne das Verheißene empfangen zu haben, sondern sie haben es nur von ferne gesehen und waren davon überzeugt, und haben es willkommen geheißen und bekannt, dass sie Fremdlinge und Wanderer ohne Bürgerrecht sind auf Erden; denn die solches sagen, geben damit zu erkennen, dass sie ein Vaterland suchen. Und hätten sie dabei jenes im Sinn gehabt, von dem sie ausgegangen waren, so hätten sie ja Gelegenheit gehabt, zurückzukehren; nun aber trachten sie nach einem besseren, nämlich einem himmlischen. Darum schämt sich Gott ihrer nicht, ihr Gott genannt zu werden; denn er hat ihnen eine Stadt bereitet."*

Hier finden wir in wenigen Sätzen zusammengefasst, wie die alttestamentlichen Heiligen lebten und was sie glaubten. Es ist eine Erklärung und Bekanntmachung der Lehre vom Beharren der Heiligen bis ans Ende. Noch deutlicher kommt dies natürlich im Neuen Testament zum Ausdruck; denn inzwischen ist der Sohn Gottes auf die Erde gekommen und hat dort sein Werk getan. Damit wurde unserem Glauben eine Bestätigung geschenkt, die weit größer ist, als die Hoffnung der Menschen des Alten Testaments je sein konnte. Sie hatten Gewissheit; wir aber dürfen doppelt sicher sein. Der Sohn Gottes kam auf die Erde herab und kehrte zurück in den Himmel. Er ist befühlt, betastet und berührt worden, wir haben Beweise dafür. Und nicht nur das: Mit dem Heiligen Geist wurde uns eine Kraft zuteil, wie sie vor der Menschwerdung Christi nicht erlebt wurde. All das sollte dazu führen, uns dieser herrlichen und erstaunlichen Lehre vom Beharren der Heiligen bis ans Ende doppelt zu versichern.

Indem wir über diese Lehre nachdenken, wollen wir den rückfällig Gewordenen noch einmal von einer positiveren Seite aus betrachten. Bislang haben wir ihn eher negativ gesehen und betont, dass es Gottes zurückhaltende und wiederherstellende Gnade war, die ihn hielt. Wenn wir dies nun in positiver Weise und in der Zukunftsform ausdrücken, dann sind wir damit bei der Lehre vom Beharren der Heiligen bis ans Ende. Warum gestattet es Gott dem Rückfälligen nicht, sich völlig zu entfernen? Warum behaupten wir, dass er immer zurückkehrt, ja zurückkehren muss? Die Antwort darauf finden wir in der Lehre vom Beharren der Heiligen bis ans Ende.

Wenden wir uns also dieser großartigen Lehre zu. Welchen Beweis können wir für ihre Richtigkeit anführen? Dieses Wort aus unserem Psalm, womit wir uns gerade beschäftigen, ist eines der besten Beweise. Aber achten Sie einmal auf einige Aussagen aus dem Neuen Testament. Nehmen Sie ernst, was Jesus in Johannes 10,28-29 sagt: *„... und ich gebe ihnen ewiges Leben, und sie werden in Ewigkeit nicht verloren gehen, und niemand wird sie aus meiner Hand reißen. Mein Vater, der sie mir gegeben hat, ist größer als alle, und niemand kann sie aus der Hand meines Vaters reißen."*

Diese Verse sollten uns bereits genügen. Sie wurden von unserem Herrn und Heiland gesprochen, ohne jede Einschränkung. Sie sind eine dogmatische Erklärung, eine absolute Versicherung. Deutlicher geht es nicht mehr. Aber wir wollen uns noch andere Schriftstellen ansehen, wie zum Beispiel den Schluss von Hebräer 6 und Hebräer 11. Es mag sein, dass sie uns nicht so vertraut sind und wir sie nicht völlig verstehen. Darum möchte ich uns an einen Satz erinnern, den Lord Bacon einmal sagte: „Lass die Dinge, deren du dir nicht sicher bist, dir nicht die Dinge rauben, deren du dir sicher bist." Ein in jeder Hinsicht beachtenswertes Wort. In Bezug auf die Lehren der Bibel bedeutet es Folgendes: Hier ist eine absolut eindeutige Aussage unseres Herrn. Sie ist völlig klar und unzweideutig. Wenn wir jetzt auf andere Stellen stoßen, die uns unklar sind, was tun wir dann? Lassen wir deswegen die Dinge los, deren wir uns sicher sind? Wenn wir weise sind, so meint Lord Bacon, dann sollten wir uns die Dinge, die wir mit Bestimmtheit wissen, niemals von denen rauben lassen, über die wir uns nicht sicher sind. Was unser Herr sagt, ist absolute Gewissheit, also sollten wir seine Worte als unumstößliche Wahrheit stehenlassen. Dann können wir weitergehen und die Verse, die wir nicht verstehen, im Lichte dieser Wahrheit betrachten. Und wir werden entdecken, dass sie uns gar nicht mehr solche Schwierigkeiten bereiten.

Wie ich bereits erwähnt habe, gibt es in den Anfangsversen von Hebräer 6 keinen Hinweis darauf, dass die Menschen, von denen dort die Rede ist, wiedergeboren waren. Wir dürfen nicht vergessen, dass es Menschen gibt, die den Eindruck erwecken, sie hätten sich für Christus entschieden. Sie vertreten die richtigen Standpunkte und geben auch sonst allerlei Anzeichen für ihr Christsein; doch heißt das noch nicht, dass sie wiedergeborene Christen sind. Vielleicht haben sie die himmlischen Gaben „geschmeckt", vielleicht haben sie etwas von der Kraft des Heiligen Geistes verspürt, aber das bedeutet nicht zwangsläufig, dass sie neues Leben von Gott empfangen haben. Und nur für die, die solches Leben geschenkt bekommen haben, trifft die Lehre vom Beharren der Heiligen bis ans Ende zu.

Lesen wir die entsprechenden Verse in Römer 8, besonders Vers 30: *„Die er aber vorherbestimmt hat, die hat er auch berufen, die er aber berufen hat, die hat er auch gerechtfertigt, die er aber gerechtfertigt hat, die hat er auch verherrlicht."* Der Apostel Paulus sagt hier unmissverständlich, dass Gott den Menschen, den er gerechtfertigt, auch verherrlicht hat. Dieser ganze Textabschnitt ist nichts anderes als eine gewaltige Auslegung der Lehre vom Beharren der Heiligen bis ans Ende. Er endet mit der herausfordernden Frage: *„Wer will uns scheiden von der Liebe des Christus?"* Und: *„Denn ich bin gewiss"* – nicht nur bloß „überzeugt" (vgl. Elb 06), sondern das Griechisch hier meint „Ich bin sicher", absolut sicher –, *„dass weder Tod noch Leben … uns zu scheiden vermag von der Liebe Gottes, die in Christus Jesus ist, unserem Herrn."* An einer anderen Stelle, in Philipper 1,6, sagt Paulus: *„… weil ich davon überzeugt bin, dass der, welcher in euch ein gutes Werk angefangen hat, es auch vollenden wird bis auf den Tag Jesu Christi."* Oder nehmen wir 1.Petrus 1,5. Dort heißt es: *„… die wir in der Kraft Gottes bewahrt werden durch den Glauben zu dem Heil, das bereit ist, geoffenbart zu werden in der letzten Zeit."* Und so weiter! Wir könnten Stunden damit verbringen, Bibelstellen zu diesem Thema zu zitieren.

Worum geht es bei der Lehre vom Beharren der Heiligen bis ans Ende aber im Einzelnen? Welche Wahrheiten können wir aus ihr ableiten? Wie können wir sie beweisen und wie veranschaulichen? Ich möchte das in folgenden Punkten erläutern:

Zunächst beruht diese Lehre auf dem unwandelbaren Wesen Gottes. *„Denn Gottes Gnadengaben"*, sagt Paulus, *„und Berufung können ihn nicht reuen"* (Röm 11,29). Er ist der *„Vater der Lichter, bei dem keine Veränderung ist, noch ein Schatten infolge von Wechsel"* (Jak 1,17). Gottes Wille ändert sich nicht; er kann sich nicht ändern, weil er Gott ist. Was Gott will, das tut er. Was Gott sich vornimmt, das führt er aus. Der unwandelbare Wille Gottes ist der Felsengrund, auf dem alles ruht. Wenn ich das nicht glaube, dann habe ich gar keinen Glauben. Dass es Gott gibt, ist eine absolute Wahrheit. *„Ich bin, der ich bin"*, ewig, unwandelbar und immer derselbe. Anders als der Mensch fängt Gott niemals ein Werk an, um dann mittendrin aufzugeben. Wie oft ist das bei uns der Fall. Wir interessieren uns für etwas Neues, wir gehen ganz in einer Sache auf – und dann geben wir auf halber Strecke wieder auf. Aber Gott ist anders. Was er beginnt, das führt er auch zu Ende. Gott ist nicht fähig, eine Sache nur halb zu tun. Das ist der Felsengrund, auf dem unser Glaube ruht. Gott verleugnet sich nie; er ist nie inkonsequent. Es gibt in ihm keine Widersprüche, alles ist klar und eindeutig. Er hat am Anfang bereits das Ende im Auge – das ist Gott. Wer sich nicht auf den unwandelbaren Willen und Vorsatz Gottes verlässt, der hat nichts, worauf er sich verlassen kann.

Der zweite Punkt betrifft den Vorsatz Gottes. Von ihrer ersten bis zur letzten Seite macht es die Heilige Schrift unmissverständlich klar, dass Gott einen großen Plan hat und dass dieser Plan darin besteht, alle zu retten, die glauben. Wer die Bibel ehrlich und vorurteilsfrei liest, der muss das erkennen. Sie berichtet uns zunächst von der Schöpfung, von dem Fall des Menschen und von seinem Leben in Sünde. Doch dann folgt die Botschaft von der Gnade. Sie ist eine Absichtserklärung Gottes. Sein Vorsatz ist es, jene zu retten, die glauben. Nun sagt es die Bibel ganz klar: Es gibt bestimmte Menschen, die die Ewigkeit in der Herrlichkeit verbringen werden, und es gibt andere, die das nicht tun werden. Wenn das nicht das Evangelium ist, was ist es dann? Diese Unterscheidung, diese Beurteilung, diese Trennung zwischen dem Volk Gottes und denen, die nicht dazugehören, finden wir überall. Das ist der unabänderliche Vorsatz Gottes: Er will alle retten, die glauben. Es ist ein Vorsatz, der ausgeführt werden muss. Warum?

Das bringt uns zum nächsten Punkt, der Macht Gottes. Unsere Welt wird von einer Macht beherrscht, die Gott feindlich gesinnt ist und auch als „der Gott dieser Weltzeit" (2.Kor 4,4) oder „Satan" bezeichnet wird. Seine Hilfskräfte sind so ungewöhnlich geschickt, wirkungsvoll und raffiniert organisiert, dass sich alles in diesem Leben und in dieser Welt gegen Gottes Volk richtet. Verlockungen und Versuchungen, negative Einflüsse, die herrschende Weltanschauung, ja, die ganze Ausrichtung – alles ist gegen uns. Da stellt sich die Frage: Wie kann ein Kind Gottes dem allen widerstehen? Muss es nicht unweigerlich fallen? Und wenn wir das Alte Testament lesen, stellen wir fest, dass seine gottesfürchtigen Männer tatsächlich gefallen sind, David ebenso wie viele andere. Wie können wir da sicher sein, dass wir durchhalten? Die Antwort ist, dass wir gehalten sind von der Macht Gottes, gestützt von seiner Gnade – *„du hältst mich bei meiner rechten Hand"*. Das ist das einzige Fundament

– die Macht Gottes. Aber diese Macht ist unbesiegbar, unbegrenzt und ohne Ende. Deshalb erbittet der Apostel Paulus in seinem Gebet für die Gemeinde in Ephesus drei Dinge (siehe Eph 1,18-19): Er bittet, dass sie sehen, *„was die Hoffnung seiner Berufung"* ist, dass sie erkennen, *„was der Reichtum der Herrlichkeit seines Erbes in den Heiligen ist"* und *„was ... die überwältigende Größe seiner Kraftwirkung an uns ist, die wir glauben"*, insbesondere die Kraft, mit der er unseren Herrn Jesus Christus von den Toten auferweckte. Paulus sagt den Ephesern damit: „Das erbitte ich nun für euch. Ihr seid Christen in einer heidnischen Umgebung, und ihr macht schwere Zeiten durch. Doch eines müsst ihr wissen, das Größte, das es je zu wissen gibt: Die Kraft, die in euch wirkt, ist dieselbe Kraft, mit der Gott seinen Sohn aus dem Reich des Todes herausführte und auferstehen ließ." Das ist die Kraft, die für uns und in uns wirkt. Paulus begnügt sich nicht damit, das einmal zu sagen. Er wiederholt es, er unterstreicht es. Gottes Macht ist von solcher Art, dass er *„weit über die Maßen mehr zu tun vermag, als wir bitten oder verstehen, gemäß der Kraft, die in uns wirkt"* (Eph 3,20).

Doch nun habe ich ein Argument, das noch kräftiger ist als alles, was ich bisher gesagt habe. Die Lehren vom Willen Gottes, dem Vorsatz Gottes und der Macht Gottes sind für uns oft fremd und schwer fassbar, weil wir im Hören so abgestumpft und in geistlichen Dingen so träge sind, sodass derartige Ausdrücke uns unzugänglich und abstrakt erscheinen. Deshalb will ich mit einem konkreten Beweis, an einem praktischen Beispiel aus der Geschichte zeigen, was ich meine. Wir finden es ebenfalls in unserem Psalm, in diesem Vers 24. Der Psalmist beginnt hier, wie wir schon gesagt haben, in die Zukunft zu blicken. Dabei geht er von den Erfahrungen aus, die er in der Vergangenheit gemacht hat. Ein Gott, so sagt er, der so gnädig mit mir umgegangen ist, kann mich unmöglich fallenlassen. Das Gleiche wollen wir nun einmal in den Begriffen des Neuen Testaments ausdrücken. Paulus formuliert es so: *„Denn wenn"* – mir gefällt dieses „denn wenn", mir gefällt überhaupt die Logik des Neuen Testaments – *„wir mit Gott versöhnt worden sind durch den Tod seines Sohnes, als wir noch Feinde waren, wie viel mehr werden wir als Versöhnte gerettet werden durch sein Leben!"* (Röm 5,10). Können wir diese Logik widerlegen? Wenn dieser allmächtige Gott seinen einzigen, geliebten Sohn in den Tod am Kreuz auf Golgatha schickte, während wir noch Feinde waren, wie viel mehr werden wir dann durch sein Leben gerettet werden? Der Gott, der das für uns getan hat, kann uns nicht mehr fallenlassen. Er würde sich selbst verleugnen, wenn er es täte. Nachdem er das Größere getan hat, kann er sich nun nicht weigern, das Geringere zu tun.

Der Apostel kennt uns, deswegen wiederholt er es noch einmal in Römer 8,32: *„Er, der sogar seinen eigenen Sohn nicht verschont hat, sondern ihn für uns alle dahingegeben hat, wie sollte er uns mit ihm nicht auch alles schenken?"* Keine Erniedrigung und kein Leid, weder das Bespucktwerden noch die grausame Dornenkrone, noch die unsäglichen Schmerzen, als seine Hände und Füße an das Kreuz genagelt wurden, blieben ihm erspart; ja, selbst von dem vollen Ausbruch des göttlichen Zorns über die Sünde blieb er nicht verschont. *„... der sogar seinen eigenen Sohn nicht verschont hat ... wie sollte er uns mit ihm nicht auch alles schenken?"* Brauchen wir noch weitere Beweise? Wenn uns das nicht genügt, dann weiß ich nicht, was uns noch helfen könnte. Der Gott, der das getan hat, ist ja doch verpflichtet, uns alles zu geben, was für unsere endgültige Erlösung notwendig ist. Es ist unvorstellbar, dass er es nicht tun könnte. Unsere Arbeit im Herrn ist niemals vergeblich, wenn wir das glauben, was Paulus in 1.Korinther 15,58 sagt. Und wenn das schon für unsere Bemühungen gilt, wie viel mehr gilt es dann für die Bemühungen Gottes.

Ich möchte noch ein letztes Argument anführen. Die Art und Weise, in der wir errettet werden, scheint mir in sich die endgültige Bestätigung für die Lehre vom Beharren der Heiligen bis ans Ende zu sein. Was heißt das? Ich meine damit, dass wir durch unsere Verbundenheit mit Christus errettet werden. Das jedenfalls lehren uns Kapitel 5 und 6 des Römerbriefs. Wenn wir einmal in Christus sind, wenn wir einmal ein Glied an seinem Leib geworden sind, dann lässt sich diese Verbindung nie mehr lösen. Wir bleiben ein untrennbares Teil von ihm. Das bestätigt uns auch die Lehre von der Rechtfertigung. Gott sagt: *„... denn ich werde ihre Missetat vergeben und an ihre Sünde nicht mehr gedenken!"* (Jer 31,34). Wir sind mit Christus gestorben und mit Christus begraben worden; wir sind mit Christus auferstanden und in Christus in die himmlischen Regionen mitversetzt worden. Alles, was für ihn gilt, gilt auch für uns. Kann sich das je ändern? Die Lehre von der Wiedergeburt sagt uns dasselbe. Wir haben teil an der göttlichen Natur. Das hatte Adam nicht. Adam wurde eine tatsächliche Rechtschaffenheit verliehen, aber er war nicht Teilhaber der göttlichen Natur. Er war zwar nach dem Bilde Gottes geschaffen, aber mehr auch nicht. Der Mensch jedoch, der in Christus ist, der Mensch, der wiedergeboren ist, ist „göttlicher Natur teilhaftig" (siehe 2.Petr 1,4). Christus ist in ihm, und er ist in Christus.

All das ist so einleuchtend und in sich so logisch, dass jeder, der diesen Aussagen der Bibel glaubt, bald merken wird, dass sich gewisse Dinge wie von selbst daraus ergeben. Ich kann die Leute nicht verstehen, die behaupten, wer heute wiedergeboren werde, sei es morgen womöglich nicht mehr. Diese Behauptung ist ungeheuerlich, ja, sie ist schon fast eine Gotteslästerung. Gewisse Gefühle kommen und vergehen; wir können Entscheidungen treffen und sie widerrufen. Die Bibel aber spricht vom Handeln Gottes. Und wenn er etwas tut, dann tut er das auf wirksame Weise; wenn ich in Christus bin, dann bin ich in Christus. Wenn ich teilhabe an der göttlichen Natur, wenn ich mit Christus vereint bin, dann kann es keine Trennung mehr geben. Alle diese Argumente sind eine Bestätigung der biblischen Lehre vom Beharren der Heiligen bis ans Ende.

Nun bleibt noch die Frage, wie Gott uns stärkt und unterstützt. Der Psalmist sagt dazu: *„Du leitest mich nach deinem Rat."* Er führt, er leitet mich. Er tut all das, was wir vorher schon gesagt haben: Er hält uns zurück, er arbeitet in uns – *„... verwirklicht eure Rettung mit Furcht und Zittern; denn Gott ist es, der in euch sowohl das Wollen als auch das Vollbringen wirkt nach seinem Wohlgefallen"* (Phil 2,12-13). So bewahrt er sein Volk; so stützt er uns durch seine Gnade; so erlöst er uns von der Sünde. Er arbeitet an uns, an unserem Geist ebenso wie an unseren Veranlagungen und Wünschen. Am Anfang seines zweiten Briefes erinnert Petrus seine Leser daran, dass ihnen *„alles ... was zum Leben und zum Wandel in Gottesfurcht dient"*, geschenkt worden ist. „Alles" – alles, was wir für ein gottesfürchtiges Leben brauchen, ist uns in der Heiligen Schrift, im Heiligen Geist und in der Person Christi gegeben. Mit Hilfe dieser drei führt und hält, stärkt und vollendet uns Gott. Er beschäftigt sich mit uns. Wir sind sein Werk, und er legt seinen Meißel an uns. Wenn wir krank waren, so kann es sein, dass Gott das bewirkt hat. *„Deshalb sind unter euch viele Schwache und Kranke"*, sagt Paulus in 1.Korinther 11,30. Weil einige Mitglieder der Gemeinde von Korinth sich nicht selbst geprüft und schuldig gesprochen hatten, musste Gott ihnen Krankheit und Schwäche auferlegen. *„Denn wen der Herr lieb hat, den züchtigt er"* (Hebr 12,6). Das gehört zu den Maßnahmen, mit denen er uns stärken und der großen Verherrlichung näherbringen will, die auf uns wartet.

Zum Schluss möchte ich noch eine Frage stellen: Was steht am Ende dieses ganzen Prozesses? Nach Aussage des Psalmisten nimmt er uns auf „in Herrlichkeit". *„Du leitest mich ... und nimmst mich danach in*

*Herrlichkeit auf!"* Das heißt, wenn wir so in Gottes Hand sind und uns von ihm stärken und halten lassen, erlangen wir schon hier auf Erden ein gewisses Maß an Herrlichkeit. Schon hier auf Erden kosten wir von den Früchten der Erlösung, von dem Leben, das Herrlichkeit ist. Die Gaben des Geistes, die Freuden des Geistes und die Frucht des Geistes – alles ist ein Teil der Herrlichkeit. Wenn Gott anfängt, diese Dinge in uns zu wirken, dann verherrlicht er uns. Er lässt uns anders sein als die Welt und ihre Menschen; er macht uns Christus ähnlich. Etwas von der Herrlichkeit des Herrn gehört auch uns.

Dafür danken wir Gott. Doch das ist erst der Anfang; es ist nur ein Vorgeschmack. Ja, erst nach dem Tod werden wir die volle Herrlichkeit erlangen, die uns erwartet, und uns alles dessen erfreuen, was „Himmel" bedeutet. *„Von nun an liegt für mich die Krone der Gerechtigkeit bereit"*, sagt der große Apostel Paulus (2.Tim 4,8). Deswegen betet er immer und immer wieder für die Gemeinden, dass sie die Hoffnung, zu der sie von Gott berufen sind, erkennen, dass sie sehen, *„was der Reichtum der Herrlichkeit seines Erbes in den Heiligen ist"* (Eph 1,18). Gott bereitet uns für sich selbst vor. Das ist das eigentliche Ziel der Erlösung, dass wir auf ewig bei Gott sein und uns an seinem Leben erfreuen dürfen. Welch armselige und törichte Geschöpfe sind wir doch. Wir jammern und klagen und halten fest an den Dingen dieser Welt. Wissen wir nicht, dass wir dazu bestimmt sind, das Leben und die Herrlichkeit Gottes zu erlangen? Das sind die Ehren, die uns erwarten. Es geht nicht nur darum, dass uns die Sünden vergeben werden; wir werden auf die ewige Herrlichkeit vorbereitet. Das will uns der Psalmist hier deutlich machen. Das ist das Ziel, zu dem uns Gottes erhaltende Gnade hinführen, auf das sie uns vorbereiten will.

Nun höre ich schon den Einwand: „Ist das aber nicht eine gefährliche Lehre? Könnte da nicht jemand sagen: ‚Da ich nun schon einmal gerettet bin, ist es doch gleichgültig, was ich tue?'" Darauf möchte ich nur erwidern: Wer aus der Lehre, die ich hier formuliert habe, diesen Schluss ziehen kann, der hat kein geistliches Leben in sich – der ist tot. *„Und jeder, der diese Hoffnung auf ihn hat, reinigt sich, gleichwie auch Er rein ist"*, sagt Johannes in 1.Johannes 3,3. Wer vor einem großen Publikum sprechen will, wird sich darauf vorbereiten. Und wenn wir Kinder Gottes sind, dann werden wir einmal in seine Gegenwart geführt werden und müssen vor der Herrlichkeit Gottes erscheinen. *„Glückselig sind, die reinen Herzens sind, denn sie werden Gott schauen!"* (Mt 5,8). Je gewisser ich mir dessen bin, desto mehr werde ich mich um meine

Heiligung und Reinigung bemühen. Die Zeit ist kurz. Ich weiß, dass das Ende naht. Ich habe keinen Augenblick zu verlieren. Mit immer größerer Sorgfalt muss ich mich auf jenen „Krönungstag" vorbereiten, der nahe herbeigekommen ist.

Bis hierher hat mich Gott gebracht
durch seine große Güte,
bis hierher hat er Tag und Nacht
bewahrt Herz und Gemüte,
bis hierher hat er mich geleit',
bis hierher hat er mich erfreut,
bis hierher mir geholfen.

Hab Lob und Ehr, hab Preis und Dank
für die bisher'ge Treue,
die du, o Gott, mir lebenslang
bewiesen täglich neue.
In mein Gedächtnis schreib ich an:
der Herr hat Großes mir getan,
bis hierher mir geholfen.

Hilf fernerweit, mein treuster Hort,
hilf mir zu allen Stunden.
Hilf mir an all und jedem Ort,
hilf mir durch Jesu Wunden.
Damit sag ich bis in den Tod:
durch Christi Blut hilft mir mein Gott;
er hilft, wie er geholfen.[17]

Gott gebe, dass ein jeder von uns im Rückblick auf unsere vergangenen „Eben-Eser"-Erlebnisse (siehe 1.Sam 7,12) die herrliche und seligmachende Gewissheit verspürt, dass Gott ihn nicht verlassen kann und nicht verlassen wird. Dessen sind wir gewiss – gepriesen sei der Name Gottes!

17 Text: Ämilie Juliane von Schwarzburg-Rudolstadt (vor 1685) 1699.

# 10.

# Der Fels der Zeiten

***„Wen habe ich im Himmel außer dir? Und neben dir begehre ich nichts auf Erden! Wenn mir auch Leib und Seele vergehen, so bleibt doch Gott ewiglich meines Herzens Fels und mein Teil"***

(Psalm 73,25-26)

Mit diesen Worten beschreibt der Psalmist noch einen weiteren Schritt im Prozess seiner Genesung von seiner geistlichen Krankheit, unter der er litt. Wir sind dem Psalmisten auf seinem Weg gefolgt und gelangen nun mit ihm zu diesen beiden Versen, die zweifellos den Endpunkt seines langsamen Wiederaufstiegs darstellen, die letzte, höchste Stufe, die er überhaupt erreichen kann. Nach allen Erfahrungen, die er gemacht hat, kann er jetzt nicht mehr anders, als den Herrn preisen und ihn anbeten. *„Wen habe ich im Himmel außer dir? Und neben dir begehre ich nichts auf Erden! Wenn mir auch Leib und Seele vergehen, so bleibt doch Gott ewiglich meines Herzens Fels und mein Teil."*

Diese Erkenntnis war, und das möchte ich betonen, wiederum unvermeidlich. Es war immer wieder bemerkenswert, wie jeder einzelne Schritt des Psalmisten auf seiner Wanderung mit dem vorausgegangenen und mit dem nachfolgenden verbunden war. Das gehört ganz sicher zu einer normalen Glaubenserfahrung. Denn wir haben auch gesehen, dass mit uns in geistlicher Hinsicht etwas nicht in

Ordnung ist, wenn wir an einem der Punkte stehenbleiben. Der Psalmist hatte seinen Fall durch den Felsvorsprung geistlicher Disziplin und Gedanken an die Folgen eines Fehltritts für das Geschlecht der Söhne Gottes gestoppt, und von da an stieg er stetig Sprosse um Sprosse nach oben. Jeder einzelne Schritt war unvermeidlich, denn sobald er an einem Punkt Klarheit über seine Situation gewonnen hatte, führte ihn das zwangsläufig weiter. So gewann er eine Erkenntnis nach der anderen über Gott und sein barmherziges Handeln, über die vielfältigen Formen der Gnade und fand sich schließlich, beinahe unbeabsichtigt, lobend und anbetend vor dem Gnadenthron Gottes wieder. Das ist das Ende seines Genesungsprozesses; die höchste Ebene, die auch wir je erreichen können. Ja, diese beiden Verse beschreiben das Ziel der Erlösung, die wiederhergestellte Gemeinschaft mit Gott. Nur darum geht es, nur dafür ist alles andere geschehen. Und der Psalmist hat das erreicht.

Ich möchte an dieser Stelle etwas vom Thema abschweifen. Man trifft unter Christen häufig auf eine Geringschätzung des Alten Testaments. Sie glauben zwar noch, dass es Gottes Wort ist. Aber man stellt sich doch gern etwas über die alttestamentlichen Heiligen. „Wir sind in Christus", sagt man, „wir haben den Heiligen Geist empfangen. Die alttestamentlichen Heiligen wussten davon nichts. Sie waren noch nicht so weit wie wir." Wer so denkt, dem möchte ich jedoch eine schlichte Frage stellen: Sind wir heute wirklich imstande, von ganzem Herzen die gleichen Worte zu sprechen wie der Psalmist in diesen beiden Versen? Haben wir Gott je so erkannt und erfahren wie dieser Mann? Können wir aufrichtig sagen: *„Wen habe ich im Himmel außer dir? Und neben dir begehre ich nichts auf Erden!"*? Wie voreingenommen wir doch sind! Die alttestamentlichen Heiligen waren genauso Kinder Gottes wie wir. Ja, wenn wir ehrlich sind, müssen wir uns dann beim Lesen der Psalmen nicht häufig über uns selbst schämen und uns fragen, ob diese Menschen nicht viel weiter waren als wir? Wir sollten uns davor hüten, mit der Unterscheidung zwischen diesen beiden Haushaltungen zu weit zu gehen und schließlich Trennungslinien zu ziehen, die ganz und gar ungeistlich sind.

Es gibt kaum etwas Eindrucksvolleres als die Worte, mit denen der Psalmist hier von seinem Verhältnis zu Gott spricht. Und ich behaupte, dass die gesamte neutestamentliche Botschaft von der Erlösung letztlich kein anderes Ziel hat, als auch uns dahin zu bringen, dass wir so reden können. Das ist der Prüfstein unseres Glaubens, das ist das

Ziel der Menschwerdung und des gesamten Wirkens unseres Herrn. Darum frage ich noch einmal: Können wir so reden? Geben diese Worte auch unsere Erfahrung wieder? Haben wir Gott so kennengelernt, wie dieser Mann es getan hat? Ganz gleich, was wir sonst erfahren haben, ganz gleich, was wir sonst bezeugen können, wir dürfen uns nie zufriedengeben, solange wir diesen Punkt nicht erreicht haben. Das ist das Ziel. Sich mit weniger zu begnügen, wie gut es auch sein mag, kommt letztlich einer Verleugnung des Evangeliums gleich.

Doch nun zu dieser großartigen Aussage: *„Wen habe ich im Himmel außer dir? Und neben dir begehre ich nichts auf Erden! Wenn mir auch Leib und Seele vergehen, so bleibt doch Gott ewiglich meines Herzens Fels und mein Teil.“* Was meint der Psalmist damit? Ich bin sicher, dass dem ein verneinender Gedanke und auch eine verneinende Aussage vorausgehen. Er macht zunächst einmal deutlich, dass er nach all seinen Erfahrungen nur das eine weiß: Nirgendwo gibt es einen anderen, der ihm helfen kann, nirgendwo gibt es einen anderen Erretter. „Wo gibt es jemanden im Himmel oder auf der Erde, der mir helfen kann, außer dir?“, so fragt er. Es gibt niemanden. Wenn alles misslingt, wenn er am Ende seiner Kraft ist, wenn er nicht mehr weiß, wo er hingehen und an wen er sich wenden soll, wenn er Trost und Kraft und Bestätigung braucht und etwas, an das er sich halten kann, dann, so hat er erfahren, kann ihm niemand anders helfen als Gott.

Diese Verneinungsform, dieses „niemand anders“ ist für uns alle sehr wichtig. Ja, ich danke Gott dafür, denn ich halte sie für ungemein tröstlich. Der Psalmist hatte gemerkt, dass er trotz seiner Fehler und trotz seines Versagens in der Ferne und Abkehr von Gott keine Befriedigung finden konnte. Solange sein Verhältnis zu Gott nicht in Ordnung war, solange war nichts in Ordnung. Sein Leben war leer und unbefriedigend, ohne Segen und ohne Kraft; und wenn er in dieser Situation auch nicht fähig war, etwas Positives über Gott zu sagen, so konnte er doch zumindest feststellen, dass es nichts anderes und niemand anderen für ihn gab! Ist das nicht ungeheuer tröstlich? Können wir das nachsprechen? Auch wenn wir noch nicht im positiven Sinne von Gott sprechen können, können wir zumindest dies sagen, dass es außer Gott nichts gibt? Haben wir alles in diesem Leben und dieser Welt durchschaut? Haben wir schon erkannt, dass alles, was die Welt uns bietet, nur „löchrige Zisternen“ sind (siehe Jer 2,13)? Sind wir bereits an dem Punkt angelangt, wo wir sagen können: „Ich weiß zumindest soviel: Es gibt nichts anderes, was mich befriedigen könnte. Ich habe die

Angebote dieser Welt ausprobiert. Ich habe mit ihnen experimentiert und gespielt. Aber ich habe erfahren, dass ich fern von Gott nur noch wie Othello sagen kann: ‚Und wieder nichts als Chaos!'"

Diese Erfahrung ist lebenswichtig. Jeder, der einmal zurückgefallen ist in sein altes Leben, weiß, wovon ich spreche. Im Übrigen unterstreicht sie das, was ich in einem früheren Kapitel gesagt habe. Wegen seiner Beziehung zu Gott kann der Gläubige, der zurückfällt, sich doch an nichts wirklich freuen. Er versucht es möglicherweise, aber er fühlt sich elend dabei und schaut sehr bald hinter die Fassade. Darum können wir an dem Bekenntnis der vorliegenden Verse unseren eigenen Glauben sehr genau überprüfen. Der erste Schritt zur Genesung besteht nämlich oftmals in der Erkenntnis, dass alles irgendwie anders geworden ist. *„... das Alte ist vergangen; siehe, es ist alles neu geworden!"* (2.Kor 5,17). Die Dinge dieser Welt haben ihren früheren Reiz verloren. Wir spüren, dass wir den Boden unter den Füßen verlieren, wenn unsere Beziehung zu Gott nicht stimmt. Wir können an das Ende der Welt reisen in dem Bemühen, ohne Gott Erfüllung zu finden, und müssen doch nur entdecken, dass es sie nicht gibt.

Natürlich bleiben wir nicht bei dieser verneinenden, negativen Formulierung stehen. Die Aussage des Psalmisten enthält auch etwas entschieden Positives. Er gibt hier nämlich zu verstehen, dass er wieder etwas sehr Wesentliches begriffen hat. Nicht mehr nach dem, was Gott gibt und tut, sehnt er sich jetzt, sondern er sehnt sich nach Gott selbst. Hatte der Kern seines Problems nicht darin bestanden, dass er an die Stelle Gottes dessen Gaben gesetzt hatte? Dadurch war es auch zu seinen Schwierigkeiten mit den Gottlosen gekommen. Ihnen ging es gut; warum ging es ihm dann so schlecht? Warum wurde er täglich geplagt? Warum schien es, als habe er umsonst sein Herz rein gehalten und seine Hände in Unschuld gewaschen? Warum kamen ihm solche Gedanken? Sein Problem lag darin, dass er mehr Interesse an den Gaben Gottes als an Gott selbst gehabt hatte. Und weil er offensichtlich nicht bekam, was er wollte, begann er schließlich an Gottes Liebe zu zweifeln. Nun aber kann er ganz ehrlich sagen, dass er sich nach Gott selbst sehnt und nicht nur nach dem, was er gibt und tut.

Ich möchte das ganz nachdrücklich betonen: Unser Christsein beweist sich letztlich darin, ob wir ehrlichen Herzens sagen können, dass wir uns mehr noch nach Gott selbst sehnen als nur nach seiner Gnade und Vergebung. Vergebung wünschen wir alle, und mit Recht; aber sie gehört auf die niedrigste Ebene unserer Glaubenserfahrungen.

Die höchste ist dann erreicht, wenn ein Mensch sagen kann: „Über die Vergebung hinaus aber sehne ich mich nach Gott, nach Gott selbst." Wir wünschen uns oft mehr Kraft, mehr Fähigkeiten und viele andere Dinge. Und in gewisser Beziehung sind diese Wünsche auch berechtigt. Wenn diese Dinge uns aber wichtiger sind als Gott selbst, dann beweisen wir, dass es mit unserem Christsein nicht weit her ist. Natürlich möchten wir als Christen auf die verschiedensten Weisen den Segen Gottes erfahren, wir bitten ihn darum. Doch es kann sein, dass wir Gott dadurch manchmal beleidigen, weil wir ihm mit unseren Bitten zu verstehen geben, dass wir letztlich nicht an ihm selbst interessiert sind, sondern nur deshalb zu ihm kommen, weil er uns diese Dinge schenken kann. Wir warten auf seine Segnungen, aber wir vergessen es, uns an dem Segnenden selbst zu erfreuen. Der Psalmist hat all das hinter sich. Er weiß jetzt, dass die größte aller Gaben die ist, Gott zu kennen und in seiner Gegenwart zu sein.

Dieser Erfahrung begegnen wir in der Bibel häufig. In Psalm 42,2 heißt es: „*Wie ein Hirsch lechzt nach Wasserbächen, so lechzt meine Seele, o Gott, nach dir!*" Der Mann, der dies geschrieben hat, verzehrt sich förmlich in dem Wunsch, Gott unmittelbar zu kennen und zu erfahren. Seine Seele „lechzt" und „dürstet" (Vers 2) nach dem lebendigen Gott; nicht nach irgendeiner Gottesvorstellung, nicht nach der Quelle aller Gaben, sondern nach dem lebendigen Gott persönlich. Kennen wir das? Hungern und dürsten wir nach ihm? „Lechzen" wir nach Gott? Das sind ernste Fragen. Denn das Schlimme ist, dass es ohne Weiteres möglich ist, dass wir unser ganzes Leben lang beten, ohne je zu erkennen, worum es eigentlich geht: Gott von Angesicht zu Angesicht gegenüberzutreten und ihn im Geiste anzubeten. Ist uns bewusst, dass wir es unmittelbar mit dem lebendigen Gott zu tun haben? Haben wir seine Gegenwart erfahren? Ist er für uns Wirklichkeit? Oder anders ausgedrückt: Sehnen wir uns nach dieser Gegenwart? Suchen wir sie? Fehlt uns die Erfüllung, solange wir sie nicht kennen? Ist es unser größter Wunsch und höchster Ehrgeiz, über alle Segnungen und Erfahrungen hinaus, einfach nur zu wissen, dass wir vor ihm stehen, dass wir ihn kennen und uns an ihm freuen? Danach sehnt sich der Verfasser von Psalm 42 und auch der Beter unseres Psalms.

Der Apostel Paulus gibt in Philipper 3,10 dem gleichen Wunsch Ausdruck: „*... um Ihn zu erkennen.*" Das war sein höchster Ehrgeiz; nicht das Gewinnen von Seelen (das zwar auch) und nicht der Wunsch, ein großer Prediger zu sein. Sein größtes Verlangen, in dem alles andere mit eingeschlossen war, lautete: „Ich möchte ja ihn erkennen." Denn, so erinnert er uns an anderer Stelle, wir werden – sogar als Prediger – Schiffbruch erleiden, wenn wir anderem den Vorzug geben. Aber wenn sein Wunsch auch unser Hauptanliegen ist, besteht keine Gefahr. Paulus hatte dem lebendigen Christus, dem auferstandenen Herrn gegenübergestanden. Und doch sehnte er sich danach, diesen Herrn noch mehr, noch tiefer, noch genauer kennenzulernen. Er „lechzte" im geistlichen Sinne nach einer persönlichen Offenbarung des lebendigen Herrn.

Etwas Höheres gibt es nicht. In seinem Abschiedsbrief an die Christen schreibt der alternde Johannes, es sei sein größter Wunsch, dass unsere Freude vollkommen ist (siehe 1.Joh 1,4). Und wie soll das geschehen? *„... damit auch ihr Gemeinschaft mit uns habt"* – damit ihr gemeinsam mit uns die große Erfahrung teilt, die wir gemacht haben. Und die Erfahrung lautet: *„...unsere Gemeinschaft ist mit dem Vater und mit seinem Sohn Jesus Christus."* Das ist mehr, als nur für Gott tätig zu sein. Natürlich gehört das auch dazu, aber es liegt doch auf einer niedrigeren Ebene. Auf der höchsten befinden wir uns, wenn wir wirklich Gott selbst erkennen. *„Das ist aber das ewige Leben, dass sie dich, den allein wahren Gott, und den du gesandt hast, Jesus Christus, erkennen"* (Joh 17,3). Das sagt uns der Herr persönlich mit all seiner Autorität, und nicht nur an dieser, sondern auch noch an anderer Stelle. Als er gefragt wurde, welches das höchste Gebot sei, antwortete er: „... *‚Du sollst den Herrn, deinen Gott, lieben mit deinem ganzen Herzen und mit deiner ganzen Seele und mit deinem ganzen Denken' ... Und das zweite ist ihm vergleichbar: ‚Du sollst deinen Nächsten lieben wie dich selbst'"* (Mt 22,37.39). Das Erste, das Wichtigste im Leben ist es, Gott so kennenzulernen, dass wir ihn mit unserem ganzen Wesen lieben können. Wer sich mit weniger zufriedengibt oder kurz davor stehen bleibt, der hat Sinn und Ziel und Zweck der Erlösung missverstanden. Bleiben wir nicht bei der Vergebung stehen oder bei irgendwelchen Erfahrungen. Unser Ziel ist es, Gott zu erkennen, nicht mehr und nicht weniger. Der Psalmist kann sagen, dass er sich nur nach Gott selbst sehnt und nicht nach seinen Geschenken und seinen Taten.

Er sagt es aber noch deutlicher. Er sehnt sich nicht „nur" nach Gott selbst. Er sehnt sich auch nach nichts anderem mehr. Sein Wunsch ist ausschließlich. *„Wen habe ich im Himmel außer dir?"* Ein beeindruckendes Wort! Ich möchte uns dazu noch eine Frage stellen, und ich glaube, dass gerade diese einfachen Fragen uns sehr viel über uns selbst offenbaren können. Was erwarten und erhoffen wir uns vom Himmel? Oder vielleicht sollte ich vorher noch fragen: Haben wir uns schon jemals auf den Himmel gefreut? Das hat nichts mit krankhaftem Lebensüberdruss zu tun. Matthew Henry drückt es sehr schön aus: „In der Heiligen Schrift wird uns nirgendwo gesagt, wir sollten uns auf den Tod freuen, aber wir werden häufig aufgefordert, uns auf den Himmel zu freuen." Der Mensch, der sich auf den Tod freut, will einfach nur seinem Leben und damit seinen Problemen ein Ende setzen. Das ist jedoch nicht christlich, sondern heidnisch. Der Christ hingegen sollte eine gesunde Sehnsucht nach dem Himmel haben, und deshalb frage ich: Freuen wir uns darauf, im Himmel zu sein? Genauer noch: Was erwarten wir, wenn wir uns darauf freuen? Ruhe? Das Ende von Sorge und Leid? Ist es der Frieden oder die Freude des Himmels? Alles das werden wir dort finden, Gott sei Dank; aber nicht darauf sollten wir uns freuen. Freuen sollen wir uns auf das Angesicht Gottes. *„Glückselig sind, die reinen Herzens sind, denn sie werden Gott schauen!"* (Mt 5,8). Das ist das höchste Gut, das auf uns wartet: in der unmittelbaren Gegenwart Gottes zu stehen. „Dann wird das Schaun meines Heilands allein Grund meiner Freude und Anbetung sein." Sehnen wir uns danach? Ist das für uns der Himmel? Ist es das, was wir uns vor allem anderen wünschen?

Der Apostel Paulus sagt uns, sterben heißt, „bei Christus zu sein" (Phil 1,23). Dem ist nichts mehr hinzuzufügen. Darum werden uns wohl auch so wenig Einzelheiten über das Leben im Himmel und in der Herrlichkeit mitgeteilt. Wir wundern uns oft darüber, dass uns nicht mehr gesagt wird. Dafür gibt es, so meine ich, zwei Erklärungen. Zum einen würden wir wegen unserer Sündhaftigkeit jede Beschreibung, die uns gegeben würde, missverstehen. Die Sache, um die es geht, ist etwas so Herrliches, dass wir sie weder fassen noch begreifen können. Zum andern – und das ist noch wichtiger – steckt hinter dem Wunsch, mehr zu wissen, oft nichts als reine Neugier. Der Himmel, das heißt „bei Christus zu sein". Und wem das nicht genügt, der kennt Christus nicht. *„Wen habe ich im Himmel außer dir?"*, so sagt der Psalmist. Nichts anderes wünsche ich mir. Wo du bist, ist der Himmel. Nur dich anzuschauen, genügt. „Bei Christus zu sein", das ist mehr als genug, das ist alles. *„Wen habe ich im Himmel außer dir?"*

Was wissen wir davon? Wir haben schon einiges mit Gott erlebt, wir sind gesegnet worden und wissen bereits manches; aber die Frage, an der sich alles entscheidet, lautet: Kennen wir ihn? Sehnen wir uns nach ihm? Sehnen wir uns danach, einfach nur bei ihm zu sein, mit ihm zu sprechen? Dürstet es uns nach dem lebendigen Gott und dieser innigen Beziehung zu Jesus Christus? Das ist die wahre christliche Glaubenserfahrung. Wie viel Zeit verbringen wir mit ihm, im Gebet? *„Wen habe ich im Himmel außer dir?"* Und auf dieselbe Weise fährt er fort: *„Und neben dir begehre ich nichts auf Erden!"* Auch hier wollen wir wieder darauf achten, warum der Psalmist das sagt. Er spielt damit direkt auf den Kern seines Problems an. Er war ja in Schwierigkeiten geraten, weil er sich Dinge gewünscht hatte, die die anderen besaßen. *„Denn ich beneidete die Übermütigen, als ich das Wohlergehen der Gottlosen sah. Denn sie leiden keine Qual bis zu ihrem Tod, und ihr Leib ist wohlgenährt."* So wie sie hatte er sein wollen. Ihre Reichtümer hatte er besitzen wollen. Jetzt aber will er das nicht mehr. Er hat sie durchschaut. *„Und neben dir begehre ich nichts auf Erden!"* – im Himmel und auf Erden allein Gott.

Auch darüber spricht die Heilige Schrift wieder an vielen Stellen. In Lukas 14,26 sagt der Herr: *„Wenn jemand zu mir kommt und hasst nicht seinen Vater und seine Mutter, seine Frau und Kinder, Brüder und Schwestern, dazu aber auch sein eigenes Leben, so kann er nicht mein Jünger sein."* Stören wir uns nicht an dem Wort „hassen". Es ist einfach ein ausdrucksstarkes Wort, was uns deutlich machen soll, dass niemand ein echter Jünger sein kann, der in seinem Leben nicht Jesus, sondern jemand oder etwas anderem den ersten Platz einräumt. Ein wahrer Jünger Christi zu sein, bedeutet, dass Christus der Mittelpunkt, dass er der Herr meines Lebens ist und mein ganzes Wesen regiert. Es bedeutet, dass ich zunächst einmal ihn liebe, vor allem und allen anderen. *„Und neben dir begehre ich nichts auf Erden!"* Nimmt er in unserem Leben die erste Stelle ein? Noch vor denen, die uns am liebsten sind? Vor unserer Arbeit, vor unserem Erfolg? Vor unserem Geschäft und vor allem anderen, was uns hier auf Erden begegnet? Er sollte unsere größte Sehnsucht sein. *„Denn für mich ist Christus das Leben"*, sagt der Apostel Paulus (Phil 1,21). Leben heißt, mit Christus durch diese Welt zu gehen, mit ihm Gemeinschaft zu haben. Und weil der Apostel das erfahren hatte, konnte er auch sagen: *„... ich habe nämlich gelernt, mit der Lage zufrieden zu sein, in der ich mich befinde"* (Phil 4,11). Nichts anderes hatte mehr Macht über ihn. Er will nichts anderes mehr als Christus, Christus allein. Habe ich ihn, so sagt er, dann habe ich alles. *„Ich vermag alles durch den, der mich stark macht, Christus"* (Phil 4,13). Wenn wir von Christus, durch ihn und für ihn leben, dann sind wir unabhängig von äußeren Umständen und Bedingungen, und alles andere verblasst zur Bedeutungslosigkeit. Sind auch wir so weit wie der Psalmist, der schließlich sagen konnte, er sehne sich auf seinem Weg durchs Leben nach nichts so sehr wie nach Gott?

Die vorliegenden Verse sagen aber noch mehr. Sie geben uns zu verstehen, dass er in Gott auch volle Zufriedenheit gefunden hat. *„Wen habe ich im Himmel außer dir? Und neben dir begehre ich nichts auf Erden! Wenn mir auch Leib und Seele vergehen, so bleibt doch Gott ewiglich meines Herzens Fels und mein Teil."* Sein Teil – das zum Leben Nötige, seine Erfüllung, sein Alles. Er kann sich nichts anderes mehr wünschen als Gott. Und was ist Gott? Er ist seine Sonne und sein Schild. Er schenkt Gnade und Herrlichkeit ohne Ende. Der Psalmist hat erkannt, dass Gott ihn vollkommen erfüllen kann – seinen Geist, sein Herz, sein ganzes Wesen. Ist das auch unsere Erfahrung? Finden wir in Gott und seinem heiligen Werk volle geistige Befriedigung? Finden wir in ihm alle Lebensweisheit, sodass wir darüber hinaus nichts mehr nötig haben? Gott schenkt dem Menschen volle Erfüllung, seinem Herzen und auch seinen Neigungen. Er erfüllt alles.

Wie gäb der ganze Himmel mir
Befriedigung, HERR, außer dir?
Kann ich durch alles Gut auf Erden
auch ohne dich gesättigt werden?
Verschmachtet Leib und Seel in mir,
so hab ich Speis und Trank an dir.
Gott, meines Herzens Trost und Teil,
du bist in Ewigkeit mein Heil.[18]

Gott ist alles und ist in allem. Er ist mein Teil, meine volle Zufriedenheit. Ich wünsche mir nichts anderes, ich wünsche mir nichts mehr. Diese Aussage werden wir in allen Psalmen finden. Der Verfasser von Psalm 103 schreibt zum Beispiel, dass Gott seine Krankheit und seine Gebrechen heilt, dass er seine Übertretungen so fern von ihm sein lässt, wie der Abend ist vom Morgen, dass er ihm Kraft und Stärke schenkt – alles. Er ist vollkommen erfüllt von diesem herrlichen Gott.

Das bringt uns zum letzten Punkt, dem völligen Vertrauen, das der Psalmist nun in Gott setzt. Er sehnt sich nach Gott um Gottes selbst willen und nicht wegen dem, was Gott gibt. Er findet volle Zufriedenheit in ihm und stützt sich voller Vertrauen auf ihn. *„Wenn mir auch Leib*

18 Text: nach Matthias Jorissen 1793.

*und Seele vergehen, so bleibt doch Gott ewiglich meines Herzens Fels und mein Teil.*" Manche Ausleger meinen, der Psalmist beziehe das nicht nur auf die Zeit seines Alterns, sondern auch auf seinen damaligen körperlichen Zustand. Damit haben sie vermutlich recht, denn eine geistliche Krise dieser Art kann man kaum durchmachen, ohne nicht auch physisch darunter zu leiden. Er war nervlich sicher in einer schlimmen Verfassung. Möglicherweise hatte er auch Herzbeschwerden. *„Wenn mir auch Leib und Seele vergehen ...*" Es kann gut sein, dass es ihm körperlich schlecht ging. In jedem Fall aber wusste er, dass sein Leib und sein Herz eines Tages versagen würden. Er würde ein alter Mann werden; seine Fähigkeiten und seine Kraft würden nachlassen; er würde nicht mehr allein essen können; er würde hilflos im Bett liegen, und das Leben würde an ihm vorbeifließen. „Trotzdem wird alles gut sein", sagt er, „denn was auch geschehen mag, Gott, der gestern, heute und in Ewigkeit derselbe ist, wird auch dann noch meines Herzens Trost sein."

Es herrscht allgemeine Übereinstimmung darüber, dass das Wort „Fels" die korrekte Übersetzung ist und dem Wort „Trost" (vgl. LÜ 84) vorzuziehen ist. *„... so bleibt doch Gott ewiglich meines Herzens Fels und mein Teil.*" Ich finde diese Übersetzung schön, denn sie malt uns ein bestimmtes Bild vor Augen. „Ja", sagt der Psalmist, „ich weiß, dass ich still und vertrauensvoll in ihm ruhen kann. Ich weiß, dass ich so sprechen kann, auch wenn ein Tag kommen wird, an dem ich spüren werde, wie die Fundamente des Lebens unter mir erzittern. Gott ist der Fels, der mich halten wird. Er kann nicht wanken; er kann nicht erschüttert werden. Er ist der Fels der Zeiten. Wo ich auch sein werde, was mir auch widerfahren und wie meine körperliche Verfassung sein mag, ja selbst wenn die Dinge dieser Erde vergehen, Gott wird mich stützen, und ich werde nicht wanken. Gott ist der Fels, die Kraft meines Herzens und für immer mein Teil."

Die Bibel wird nicht müde, das zu wiederholen. Und wenn uns noch so Schlimmes zustoßen sollte, immer wird uns dies als Stütze und Trost angeboten. Gott ist nicht nur ein Fels, sondern *„unter dir sind ewige Arme"* (5.Mose 33,27). Die Grundfesten unseres Lebens mögen dahinschwinden, alle Fundamente, auf die wir gebaut haben, zusammenbrechen und wir selbst in den Abgrund stürzen. Doch nein, unter uns – und sie sind immer da –, unter uns sind ewige Arme. Sie halten uns immer. Nie werden wir vollkommen abstürzen. Wenn alles zerbricht, wir werden gehalten. Hören wir, was Jesaja sagt. Er spricht von einem „Eckstein", *„einen bewährten Stein ... der aufs festeste gegründet ist"*, und er fährt fort: *„Wer glaubt, der flieht nicht"* (Jes 28,16). Besser noch wird es im Neuen Testament übersetzt: *„... jeder, der an ihn glaubt, wird nicht zuschanden werden!"* (Röm 9,33). Oder entsprechend einer anderen möglichen Übersetzung: *„... wer auf ihn vertraut, wird nicht blossgestellt werden"* (ZÜ). Warum nicht? Weil er auf dem Fels steht, weil er über eine Stütze, ein Fundament verfügt, das nicht bewegt werden kann, denn es ist Gott selbst. Auf diesen Fels gegründet, werde ich nicht wanken, auch wenn mein Leib und meine Seele vergehen. Nichts kann mich aus der Bahn werfen, nie werde ich zuschanden werden. Gott wird mir bis zum Ende durchhelfen.

Stern, auf den ich schaue,
Fels, auf dem ich steh,
Führer, dem ich traue,
Stab, an dem ich geh,
Brot, von dem ich lebe,
Quell, an dem ich ruh,
Ziel, das ich erstrebe:
alles, Herr, bist du![19]

Stehen wir auf diesem Felsen? Kennen wir ihn? Wir wollen uns nicht auf unsere Familie verlassen, nicht auf unser Geschäft und nicht auf unsere eigene Tatkraft. Wir wollen nicht von unseren Erfahrungen oder irgendetwas anderem leben. Das alles wird ein Ende haben, und der Teufel wird uns überdies einreden, dass alle unsere Glaubenserfahrungen, auch die wertvollsten, rein psychologisch zu erklären sind. Deshalb wollen wir von nichts anderem leben, auf nichts anderes vertrauen, als allein auf Gott selbst. Er ist der Fels, er ist der ewige Gott.

Das ist das Licht der Höhe,
das ist der Jesus Christ,
der Fels, auf dem ich stehe,
der diamanten ist,
der nimmermehr kann wanken,
der Heiland und der Hort,
die Leuchte der Gedanken,
die leuchten hier und dort.

19 Text: Cornelius Friedrich Adolf Krummacher 1857.

So weiß ich, was ich glaube,
ich weiß, was fest besteht
und in dem Erdenstaube
nicht mit als Staub verweht;
ich weiß, was in dem Grauen
des Todes ewig bleibt
und selbst auf Erdenauen
schon Himmelsblumen treibt.[20]

20 Text: Ernst Moritz Arndt 1819.

# 11.

# Ein neuer Entschluss

***„Denn siehe, die fern von dir sind, gehen ins Verderben; du vertilgst alle, die dir hurerisch die Treue brechen. Mir aber ist die Nähe Gottes köstlich; ich habe GOTT, den Herrn, zu meiner Zuflucht gemacht, um alle deine Werke zu verkünden"***

(Psalm 73,27-28)

In diesen letzten beiden Versen fasst der Psalmist zusammen, was er aus den Erfahrungen gelernt hat, die er uns so ausführlich geschildert hat. Er ist mit seinen Überlegungen zum Ende gekommen, die Rückschau auf seine Vergangenheit ist abgeschlossen. Jetzt geht es um ihn selbst und um seine Zukunft; und er beschließt, vor allen andern Dingen eines zu tun: „Nahe bei Gott zu sein ist gut für mich. Darauf will ich mich konzentrieren."

Er lässt uns erkennen, was für eine Einstellung zum Leben er gewonnen hat und wie er die Ungewissheiten der Zukunft meistern will. Darin liegt für uns der große Wert der Psalmen. Ihre Verfasser berichten nicht nur von ihren Erfahrungen, sondern auch von ihren Reaktionen und insbesondere von den Schlussfolgerungen, die sie daraus gezogen haben. Sie formulieren einige ganz wichtige Grundregeln, gewissermaßen die Quintessenz ihrer Weisheit. Göttliche, himmlische Weisheit ist in der Bibel zu finden, und auch die Erkenntnis, zu der unser Psalmist am Schluss gekommen ist, enthält im Grunde nichts anderes als die zentrale Botschaft der Bibel. Letztlich, so sagt er uns, gibt es nur zwei Möglichkeiten, sein Leben zu gestalten.

Am Ende dieses Psalms wollen wir darum die Weisheit seines Verfassers würdigen. Jeder von uns hat ja eine bestimmte Lebensphase erreicht; jeder von uns hat seine Erfahrungen gemacht. Sind wir zu der gleichen Schlussfolgerung gekommen wie der Psalmist? Haben wir die gleiche Weisheit gewonnen? Sehen wir unserer unbekannten Zukunft mit der gleichen Gelassenheit entgegen?

Wir wollen damit beginnen und sehen, wie der Psalmist seinen Entschluss formuliert. *„Mir aber ist die Nähe Gottes köstlich."* In einer anderen Übersetzung heißt es: *„Ich aber: Gott zu nahen, ist mir gut"* (Elb 06). Damit grenzt sich der Psalmist ganz deutlich von den anderen ab. Egal, was für sie gelten mag, für ihn ist es gut, nahe bei Gott zu sein. Das ist sein höchster Ehrgeiz. Um die Bedeutung seines Entschlusses noch zu unterstreichen, bringt er einen Vergleich. *„Denn siehe, die fern von dir sind"*, sagt er, *„gehen ins Verderben ... Mir aber ist die Nähe Gottes köstlich."* Es gibt im Leben nur diese zwei Möglichkeiten. Wir alle sind entweder fern von Gott oder nahe bei ihm. Einen Mittelweg gibt es nicht. Deshalb ist es auch für uns von allergrößter Wichtigkeit, zu demselben Entschluss zu kommen wie der Psalmist – uns nahe bei Gott zu halten.

Dieser Gedanke bewegte ihn sicherlich mehr als alles andere. Im Rückblick auf seine traurigen Erfahrungen erkannte er, was sein eigentliches Problem gewesen war: Er hatte sich nicht zu Gott gehalten. Er hatte gedacht, das Wohlergehen der Gottlosen sei schuld gewesen an seiner Krise. Nun aber, nach seiner Läuterung im Heiligtum Gottes, wird ihm bewusst, dass die Wurzel zu seinem Übel ganz woanders lag. Nur auf eines kommt es wirklich an, auf das Verhältnis des Menschen zu Gott. „Wenn ich Gott nahe bin", so sagt der Psalmist, „dann ist es im Grunde gleichgültig, was mit mir geschieht; bin ich aber fern von ihm, dann ist am Ende überhaupt nichts mehr in Ordnung." Und das ist eine sehr scharfsinnige Schlussfolgerung.

Wir alle meinen, wir hätten gewisse Dinge nötig; unser Glück hinge von bestimmten Umständen und Ereignissen ab. Der Psalmist hatte dieselbe Meinung vertreten, deshalb war er in seine missliche Lage geraten. Der bloße Anblick der Gottlosen und ihr scheinbares Wohlergehen hatten ihn aufgeregt und neidisch gemacht. Er hatte angefangen, zu jammern und zu klagen. Tage und Wochen hatte er damit verbracht, sich ständig selbst zu bemitleiden. Nun weiß er, schuld an allem war, dass er sich nicht zu Gott gehalten hatte. Das ist das A und O der christlichen Lebensweisheit. Sobald wir uns von Gott wegbewegen, geht alles daneben. Das Geheimnis liegt darin, dass wir uns an Gott halten. Tun wir das nicht, sind wir wie ein Schiff auf dem Meer, das die Orientierung verloren hat und dessen Kompass versagt. Wenn wir die Richtung verlieren, dürfen wir uns über die Konsequenzen nicht wundern. Der Psalmist hatte das erkannt. „Ich brauche nur eines; nicht Segnungen, nicht den gleichen Wohlstand wie andere Leute, nicht die Dinge, die die Welt für so wichtig hält. Das eine, was für mich zählt, ist, nahe bei Gott zu sein. Denn solange ich fern von ihm war, stimmte nichts mehr, und mir war elend. Nun aber, wo ich zurückgekommen bin, ist alles gut, obwohl meine Lebensumstände dieselben geblieben sind. Ich bin voll Freude und Frieden. Ich kann vertrauensvoll, glücklich und sicher in Gottes Armen ruhen. Deshalb bin ich zu folgendem Entschluss gekommen: Ich will mich nahe zu Gott halten. Das wird für alle Zeit das Hauptanliegen meines Lebens sein. Damit will ich jeden kommenden Tag beginnen. Ganz gleich, was geschieht, ich werde mir stets sagen, dass es einzig und allein darauf ankommt, nahe bei Gott zu bleiben."

So lautet der Entschluss des Psalmisten, und zu unserem Glück weiht er uns auch in sein Geheimnis ein. Wir können Gott für die Bibel und ihre bis ins kleinste gehenden Anweisungen gar nicht genug danken. Niemals gibt sie uns nur vage Vorschriften, immer werden sie genau ausgeführt und begründet. Und das brauchen wir auch, denn wie schnell vergessen wir allgemeine Weisungen.

Ein wichtiger Grund, weshalb wir uns zu Gott halten sollen, ist das Schicksal derer, die das nicht tun. Der Psalmist stellt diesen Gedanken an den Anfang, und ich glaube, wir können daraus schließen, dass er mit seinen Überlegungen noch immer nicht ganz am Ende war. Die Gottlosen waren es ja, die ihn vom Weg abgebracht hatten; und er ist nun ängstlich bemüht, nicht noch einmal in diese Falle zu stolpern. Wenn er an die Zukunft denkt, ist ihm klar, dass sich die Welt nicht ändern wird. Die Gottlosen werden weiterhin tun, was sie immer getan haben. *„... sie bilden sich sehr viel ein."* Und immer wird es scheinen, als lebten sie herrlich und in Freuden. Aber in diese Falle wird er nicht wieder laufen; das schickt er voraus. *„Denn siehe"*, sagt er, *„die fern von dir sind, gehen ins Verderben; du vertilgst alle, die dir hurerisch die Treue brechen."* Das hat Gott in der Vergangenheit getan, und er wird es auch in Zukunft tun.

Wie das Schicksal der Gottlosen im Einzelnen aussieht, hat der Psalmist bereits geschildert. *„Fürwahr, du stellst sie auf schlüpfrigen Boden; du lässt sie fallen, dass sie in Trümmer sinken. Wie sind sie so plötzlich verwüstet worden! Sie sind untergegangen und haben ein Ende mit Schrecken genommen.“ – „… und auf ihr Ende achtgab.“* Das ist im Grunde eine Zusammenfassung der Weltgeschichte. So erging es der Erde vor der Sintflut und danach; so erging es Sodom und Gomorra und unzähligen andern Städten, Völkern und Reichen. Wie töricht schien es von Abraham, mit seinen Schafen in den Bergen herumzuwandern, während es seinem Neffen Lot in den Städten der Ebene mit ihren Lastern und ihrer Unmoral blendend ging. Er hätte sich mit Recht fragen können: „Macht es sich überhaupt bezahlt, gottesfürchtig zu sein?“ Aber er mag auch wie der Psalmist geantwortet haben: *„Denn siehe, die fern von dir sind, gehen ins Verderben; du vertilgst alle, die dir hurerisch die Treue brechen.“* Die lange Geschichte des Alten Testamentes wird hier in kurze, klare Worte gefasst: *„… die fern von dir sind, gehen ins Verderben.“*

Wer seine Lebensweisheit aus der Zeitung bezieht, mag schnell zu dem Schluss kommen, der nichtchristlichen Welt mit all ihrem Glanz und Pomp, ihrem Ruhm und Reichtum gehe es bestens. Doch es kommt nicht darauf an, wie gut es den Gottlosen zur Zeit geht. Auch wenn im Augenblick alle Anzeichen dagegen zu sprechen scheinen: so gewiss wie wir heute leben, so gewiss werden die, die fern von Gott sind, umkommen. Die Mühlen Gottes mahlen langsam, sehr langsam, und manchmal meinen wir, sie bewegten sich überhaupt nicht. Aber sie mahlen überaus fein. Das ist die Botschaft der Bibel, von ihrer ersten bis zu ihrer letzten Seite. Das ist es, was mit einem Leben im Glauben gemeint ist. Wir alle sind dazu aufgerufen, das Dasein so zu betrachten, wie es die großen Männer getan haben, von denen in Hebräer 11 die Rede ist. Wir müssen das tun, was Mose tat. Die Schmach Christi muss uns ein größerer Reichtum sein als die Schätze Ägyptens. Wir müssen diese Welt und ihr Leben durchschauen; wir müssen sie unter dem Urteil und dem Zorn Gottes sehen; wir müssen die Strafe sehen, die auf sie wartet. Die Welt wird umkommen, sie wird vergehen. Deshalb müssen wir ihre Eitelkeit, ihre Leere und ihre Nichtigkeit wahrnehmen. Dann werden wir, wie der Psalmist, zu dem Entschluss kommen, uns nahe zu Gott zu halten. Die Welt und ihre Werke werden alle dahinschwinden – Unstetigkeit und Verfall ist in allem, was wir sehen; von Motten und Rost sind selbst die glitzerndsten Wunderwerke befallen, die diese Welt anzubieten hat. Wir müssen erkennen, dass wir uns stetig auf das Ende der Welt, auf das große Gericht zubewegen. „... *die fern von dir sind, gehen ins Verderben.*"

Sind wir uns dessen bewusst? Dienen wir Gott mit Widerwillen? Haben wir irgendwelche Vorbehalte, wenn wir an die Zukunft denken, und fragen uns, ob wir weiter am Glauben festhalten sollen? Bringt es uns aus der Fassung, wenn wir um uns schauen und sehen, dass andere offenbar von allem nur das Beste haben – Menschen, die niemals ein Gotteshaus betreten, denen aber trotzdem nichts zu misslingen scheint? Ja, ist die Bibel überhaupt wahr?

Einem Farmer in Amerika wurde einmal von einem alten Pastor eine Lehre erteilt, die auch wir beherzigen müssen. In einem besonders nassen Sommer hatte der Farmer beschlossen, seine Ernte an einem Sonntag einzubringen. Der alte Pastor warnte ihn davor. Aber der Mann hörte nicht auf ihn, und schon bald waren seine Scheunen übervoll. Als er bei Gelegenheit den alten Pastor traf, sagte er ihm, seine Predigt sei wohl falsch gewesen. „Es sind keine Unglücksfälle über mich hereingebrochen, meine Scheunen sind nicht niedergebrannt; Gott hat mir weder meine Frau noch eines meiner Kinder genommen. Dabei habe ich getan, wovor du mich wegen der Folgen, die es haben würde, gewarnt hast. Aber nichts ist geschehen. Was ist jetzt mit deiner Predigt?" Der alte Pastor schaute den Farmer an und erwiderte: „Gott macht seine Abrechnungen nicht immer im Herbst." Nein, er macht sie nicht immer sofort. Aber so gewiss, wie wir hier in dieser Welt leben, so gewiss lautet die Botschaft der Bibel: „... *die fern von dir sind, gehen ins Verderben.*" Eine Alternative gibt es für sie nicht. Es mag zwar lange dauern, und äußerlich mag nichts darauf hindeuten, aber sie werden umkommen. Es gibt kein anderes Evangelium als das, das uns auffordert, *„dem zukünftigen Zorn [zu] entfliehen"*. Wenn es diesen Zorn nicht gäbe, wäre die Erlösung unnötig. Ein sogenanntes Evangelium, das die Furcht vor der Hölle abschafft, lässt mich kalt. Es gibt zwar großartige Menschen, die behaupten, Himmel und Hölle interessierten sie nicht; ihnen gehe es allein darum, Gutes zu tun. Aber die Bibel warnt uns vor der Hölle, und sie zeigt uns die Herrlicheit des Himmels.

Der zweite Grund für den Entschluss des Psalmisten ist positiver. Er liegt im Wesen Gottes begründet: *„Mir aber ist die Nähe Gottes köstlich; ich habe GOTT, den Herrn, zu meiner Zuflucht gemacht."* Er hat sich entschieden, sein Leben in der größtmöglichen Nähe Gottes zu führen. Warum? Wegen der Güte, wegen des Wesens Gottes.

Auch hier werden wir uns sicher alle wieder schuldig fühlen müssen, denn welche Rolle spielt dieser Punkt in unserem Glaubensleben und unserem Gottesdienst? Wenn wir über das Wesen Gottes wirklich Bescheid wüssten, würden wir in dieser Welt nichts mehr wünschen, als in seiner Gegenwart zu sein. Wir suchen die Nähe von Menschen, die uns lieb sind. Wir drängen uns danach, mit Leuten bekannt gemacht zu werden, die, aus welchen Gründen auch immer, für bedeutend gehalten werden. Wie wenig aber sind wir bereit, unsere Zeit mit Gott zu verbringen. Es fällt uns so leicht, in ihm lediglich einen Segensspender zu sehen, und es fällt uns so schwer, zu erkennen, wie herrlich es in seiner Gegenwart ist. „GOTT, den Herrn" nennt ihn der Psalmist. Er betont die Souveränität Gottes, seine unbeschreibliche Größe und Majestät. Gott, der Allmächtige, der Schöpfer des Himmels und der Erde, der Ewige, der absolute Gott – er ist es, dessen Nähe wir suchen dürfen.

Mit der Anrede „GOTT, den Herrn" erinnert der Psalmist auch daran, dass es um den Gott des Bundesschlusses geht; den Gott, der in ein Bündnis mit den Menschen eingetreten ist. Als Gott Mose den Auftrag erteilte, die Kinder Israel aus der Sklaverei Ägyptens herauszuführen, offenbarte er sich ihm in ganz besonderer Weise als Jahwe – Gott, der Herr. Seinen Namen hatte er schon vorher genannt, aber nun erklärt er ihn und benutzt ihn von da ab immer, wenn es um seinen Bund geht. Der Gott also, der so gütig zu uns ist, der unsere Erlösung geplant hat, der sich um unser Wohlergehen und unser Glück sorgt, dieser Gott verbündet sich mit uns und verpflichtet sich, unendlich viel für uns zu tun. „Deshalb", so sagt der Psalmist, „wünsche ich mir für mein Leben nichts so sehr, als in der Nähe Gottes zu sein." Ich möchte mit ihm in Kontakt bleiben – so würden wir es heute ausdrücken. Wenn eine bedeutende Persönlichkeit zu uns sagt, sie wolle mit uns in Kontakt bleiben, sind wir stolz darauf, und wir genießen diesen Kontakt. Wir empfinden ihn als ein Privileg, als eine Ehre, und das mit Recht. Wie gut aber wäre es, wenn wir einsähen, dass das größte aller Privilegien und die höchste aller Ehren das ewige Leben ist, das uns der Herr Jesus Christus mit seiner Erlösungstat geschenkt hat!

Was ist das ewige Leben? Der Herr erklärt es uns: *„Das ist aber das ewige Leben, dass sie dich, den allein wahren Gott, und den du gesandt hast, Jesus Christus, erkennen"* (Joh 17,3). Und Johannes schreibt in seinem ersten Brief: *„... unsere Gemeinschaft ist mit dem Vater und mit seinem Sohn Jesus Christus"* (1.Joh 1,3). Der Psalmist sagt: „Folgenden Entschluss habe ich gefasst: Ich möchte mich nahe zu diesem Gott halten; ich möchte in Kontakt mit ihm bleiben und alle meine Zeit mit ihm verbringen; ich möchte immer in seiner Gegenwart leben. Wie gerne denke ich an seine Macht und seine Verheißungen und erinnere mich seiner Beständigkeit."

Sind das nicht tröstende Gedanken? Wir wissen nicht, was uns erwartet. Wir leben in einer Welt, die sich ständig verändert, und auch wir selbst sind unstet! Sogar die Besten unter uns sind wankelmütige Geschöpfe. Und nichts ist typischer für unsere Welt als ihre Unsicherheit und Unbeständigkeit. Gibt es da für uns etwas Größeres als das Wissen, jederzeit in die Gegenwart dessen treten zu dürfen, der immerdar derselbe und der *„Vater der Lichter"* ist, *„bei dem keine Veränderung ist, noch ein Schatten infolge von Wechsel"* (Jak 1,17)? Was auch in uns und um uns herum geschieht, wir können zu dem gehen, der immer derselbe ist, derselbe in seiner Macht, seiner Majestät, seiner Herrlichkeit, seiner Liebe, seiner Barmherzigkeit, seinem Mitgefühl und derselbe in all seinen Verheißungen! Verstehen wir den Psalmisten jetzt? „Ich kümmere mich nicht um die anderen", sagt er, *„mir aber ist die Nähe Gottes köstlich."* Wir wollen mehr über Gott nachdenken; wir wollen über ihn nachsinnen und unsere Herzen und Gedanken auf ihn richten. Wir wollen erkennen, dass er uns in Christus seine Gemeinschaft, seine Nähe anbietet, und das für alle Zeit.

Der Psalmist nennt hier noch einen weiteren Grund. *„Mir aber"*, sagt er, *„ist die Nähe Gottes köstlich."* Wir haben diesen Grund schon vorher erwähnt, aber ich möchte ihn noch einmal betonen. Er enthält nämlich einen sehr praktischen Gesichtspunkt, den wir nicht übersehen sollten. Wir werden zwar nicht deswegen Christen, damit wir in den Genuss von bestimmten Segnungen kommen, wir werden aber, wenn wir Christen sind, gesegnet werden. Und es ist nicht verkehrt, sich daran zu erinnern. *„... um der vor ihm liegenden Freude willen"* hat unser Herr das Kreuz erduldet (Hebr 12,2). Und der Apostel sagte: *„Denn ich bin überzeugt, dass die Leiden der jetzigen Zeit nicht ins Gewicht fallen gegenüber der Herrlichkeit, die an uns geoffenbart werden soll"* (Röm 8,18). Wir wollen die Reihenfolge einhalten. Beginnen wir mit Gott, weil er Gott ist, und erinnern wir uns erst dann daran, dass er für uns Gott ist. Anders ausgedrückt: Die Nähe bei Gott ist der Ort der Erlösung. Und an diesem Ort will der Psalmist bleiben. Es überrascht wirklich nicht, dass er nach all seinen Erfahrungen zu dem Schluss kommt, es sei gut für ihn, sich nahe zu Gott zu halten. Erinnern wir uns daran, wie er in seinem jämmerlichen Zustand nichts begreifen konnte, bis er in das Heiligtum Gottes ging. Doch dort durchschaute er seine Lage, und das Glück kam zu ihm zurück. Er freute sich in Gott und hatte das Gefühl, noch nie in seinem Leben so froh gewesen zu sein, auch wenn die Lebensumstände der Gottlosen unverändert waren. Die Nähe bei Gott ist der Ort der Erlösung und der Befreiung.

Jakobus drückt das in seiner praktischen Art ganz einfach aus: *„Naht euch zu Gott, so naht er sich zu euch!"* (Jak 4,8). Auch das ist ein faszinierender Gedanke. Wir können sicher sein, dass Gott jedes Mal, wenn wir einen Schritt auf ihn zugehen, auch einen Schritt in unsere Richtung tut, wenn ich es einmal so formulieren darf. Lassen wir uns nicht einreden, es sei schwierig, sich ihm zu nähern. Wenn wir ihm aufrichtig und ehrlich entgegengehen, können wir sicher sein, dass er uns begegnen wird. Er ist der Gott der Erlösung; ein überzeugender Grund, sich ihm zu nähern. Er hat alles, was wir nötig haben. Alle Dinge kommen von Gott; er ist der Geber und *„jede gute Gabe und jedes vollkommene Geschenk"* kommt von ihm (Jak 1,17). In Christus hat er sie uns alle gegeben. *„Alles gehört euch"*, sagt Paulus den Korinthern (1.Kor 3,22). Warum? *„Ihr aber gehört Christus an."* Dahinter steckt eine ganz klare Logik. Es ist für mich gut und köstlich, mich zu Gott zu halten, denn wenn ich ihm nahe bin, weiß ich, dass mir meine Sünden vergeben sind; bin ich aber fern von ihm, so fange ich an zu zweifeln. Mit einem schlechten Gewissen werde ich nicht fertig; und mit den Anschuldigungen anderer oder des Teufels noch weniger. Nur wenn ich Gott in Christus nahe bin, weiß ich, dass mir meine Sünden vergeben sind. Ich spüre seine Liebe. Ich weiß, ich bin sein Kind, und ich freue mich an dem kostbaren Geschenk des Friedens mit Gott, des Friedens in mir und des Friedens mit anderen. Ich bin mir seiner Liebe bewusst und habe eine Freude in mir, die mir die Welt nicht geben und auch nicht nehmen kann.

Jeder, der auch nur etwas von ihr gekostet hat, wird bestätigen, dass die Nähe zu Gott mit nichts zu vergleichen ist. Schauen wir auf unser Leben zurück. Waren die Augenblicke des größten Friedens und der höchsten Freude nicht die, in denen wir Gott besonders nahe waren? In seiner Gegenwart werden wir über unsere Lebensumstände erhoben. Wir beginnen zu ahnen, was Paulus meinte, als er sagte: *„... ich habe nämlich gelernt, mit der Lage zufrieden zu sein, in der ich mich befinde. Denn ich verstehe mich aufs Armsein, ich verstehe mich aber auch aufs Reichsein"* (Phil 4,11-12). Wir sind nicht mehr abhängig von den Umständen, vom Zufall und vom Glück. Es ist gut, sich zu Gott zu halten, denn da ist der Ort der Erlösung, der Ort, an dem wir gesegnet werden, an dem wir in das Meer der Liebe Gottes eintauchen und dort bleiben können. Wir wollen uns den Entschluss des Psalmisten zu eigen machen und uns zu Gott halten.

Denn noch etwas finden wir an diesem Ort. Wir finden dort Sicherheit. *„Mir aber ist die Nähe Gottes köstlich; ich habe GOTT, den Herrn, zu meiner Zuflucht gemacht."* Auch das brauchen wir. Wir wissen nicht, was die Zukunft uns bringt. Alles Mögliche kann geschehen. Doch wenn es eines gibt, wonach sich die ganze Welt in dieser Zeit sehnt, so ist es Sicherheit und Geborgenheit. Wir sind so oft enttäuscht worden, wir haben uns sogar selbst im Stich gelassen. Da fragt sich jeder nachdenkliche Mensch: „Worauf kann ich meine Zuversicht setzen? Worauf kann ich mit absoluter Sicherheit bauen?" Und auch darauf gibt es nur eine Antwort: auf Gott. *„Mir aber ist die Nähe Gottes köstlich; ich habe GOTT, den Herrn, zu meiner Zuflucht gemacht"* – diesen Jahwe, diesen Herrn, der mit uns ein Bündnis geschlossen hat.

Die Geborgenheit in Gott ist ein immer wiederkehrendes Thema, nicht nur in den Psalmen, sondern auch in den Sprüchen. *„Der Name des HERRN ist ein starker Turm; der Gerechte läuft dorthin und ist in Sicherheit"* (Spr 18,10). Draußen in der Welt steht ein Mensch, der von Feinden angegriffen wird. Er wird nicht mit ihnen fertig; er weiß nicht, was er tun soll; er ist beunruhigt und in großer Angst. Da läuft er zu der festen Burg, dem Namen des Herrn. Dort können die Feinde nicht hinein. In den Armen des allmächtigen Gottes ist er sicher. Der Apostel Johannes sagt: *„Wir wissen, dass wir aus Gott sind, und dass die ganze Welt sich im Bösen befindet"*, und *„der Böse tastet ihn* – [d.h. den aus Gott Geborenen] – *nicht an"* (1.Joh 5,19.18). Warum nicht? Weil wir in Christus, weil wir in Gott sind. Dort sind wir vollkommen sicher. Eines der großartigsten Worte des Paulus lautet: *„Denn ich bin gewiss, dass weder Tod noch Leben, weder Engel noch Fürstentümer noch Gewalten, weder Gegenwärtiges noch Zukünftiges, weder Hohes noch Tiefes, noch irgendein anderes Geschöpf uns zu scheiden vermag von der Liebe Gottes, die in Christus Jesus ist, unserem Herrn"* (Röm 8,38-39). Sicher in den Armen Jesu! Wer dort ist, den kann die Hölle nicht antasten, auch wenn sie losgelassen würde. Nichts kann den verletzen, der unter dem sicheren Schutz unseres Bündnispartners Gott steht.

Und schließlich sind auch die letzten Worte des Psalmisten für uns von größter Bedeutung. *„Mir aber ist die Nähe Gottes köstlich; ich habe GOTT, den Herrn, zu meiner Zuflucht gemacht, um alle deine Werke zu* *verkünden.*" Auch hierin sollten wir dem Psalmisten noch folgen. Er hat sich dafür entschieden, nahe bei Gott zu bleiben, damit er Gott loben, damit er von dem erzählen kann, was Gott tut. Vielleicht dachte er etwa Folgendes: „Wenn ich nahe bei Gott bleibe, dann werde ich gesegnet werden; ich werde seine Erlösung erleben und dieses unglaubliche Gefühl der Sicherheit erfahren. Das wird mich natürlich sofort dazu bringen, Gott zu preisen und ihn vor anderen zu verherrlichen. Ich will mich zu Gott halten, damit ich ihn immer loben kann. Und wenn ich ihn lobe, bezeuge ich ihn vor anderen." Haben wir diesen Punkt schon erreicht?

Die erste Frage im Kleinen Katechismus des Westminster Glaubensbekenntnisses lautet: „Was ist das höchste Ziel des Menschen?" Die Antwort heißt: „Das höchste Ziel des Menschen ist, Gott zu verherrlichen und sich für immer an ihm zu erfreuen." Der Psalmist hat die Reihenfolge umgekehrt. Er setzt die Freude an die erste Stelle, aber nur deshalb, weil er mit seinen Überlegungen noch immer nicht ganz am Ende ist. Er hat erfahren, was es bedeutet, ganz unten und tiefunglücklich zu sein. Aber er hat auch erfahren, wie ihm geholfen wurde. Darum kommt er jetzt zu uns und sagt: „Halte dich zu Gott, dann wirst du glücklich sein. Dann wirst du dich an Gott freuen und ihn verherrlichen." Diese beiden Dinge gehören immer zusammen. „Das höchste Ziel des Menschen ist es, Gott zu verherrlichen und sich für immer an ihm zu erfreuen." „Ja", sagt der Psalmist, „ich will mich zu Gott halten, damit ich ihn verherrlichen und mich an ihm freuen kann. Er ist Gott, der Herr, der Allmächtige. Die Tragödie des Menschen und die Tragödie dieser Welt und ihrer Geschichte besteht darin, dass sie ihn nicht kennen. Deshalb ist es meine Aufgabe, den Menschen von ihm zu erzählen. Ich will das mit meinem Leben und mit meinen Lippen tun; mein ganzes Leben soll Gott ehren. Ich kann Gott aber nur verherrlichen, wenn ich ihm nahe bin und ihn erfahre. Und wenn ich das tue, werde ich sein Leben widerspiegeln."

Das waren die Gründe, warum der Psalmist sich nahe zu Gott halten wollte. Darf ich noch einmal kurz wiederholen, was sie für uns Christen in der Praxis bedeuten? Wir wissen, dass wir uns Gott jederzeit durch Jesus Christus nähern können. Wir brauchen dazu weder Höhen zu erklimmen noch in Abgründe zu steigen. *„‚Das Wort ist dir nahe, in deinem Mund und in deinem Herzen!' ... Denn wenn du mit deinem Mund Jesus als den Herrn bekennst und in deinem Herzen glaubst, dass Gott ihn aus den Toten auferweckt hat, so wirst du gerettet"* (Röm

10,8-9). Darüber brauchen wir uns keine Sorgen mehr zu machen, denn wenn wir wirklich Christen sind, dann wissen wir: Wie sehr wir auch gesündigt haben, wie sehr wir anderen und uns Unrecht getan haben, wenn wir heute zu Gott kommen und ihm unsere Schuld bekennen, wenn wir eingestehen, dass wir sie weder ungeschehen machen noch uns selbst erlösen können, und wenn wir unser Vertrauen ganz auf den Sohn Gottes setzen und auf das, was er durch sein Leben des Gehorsams und seinen stellvertretenden Tod für uns getan hat, dann nimmt Gott uns an, dann sind wir mit ihm versöhnt und haben mit ihm Gemeinschaft. Das ist der Weg, den wir gehen müssen. Aber denken wir immer daran: Wir müssen uns zu Gott halten. Wie geschieht das? In erster Linie, und das kann ich nicht genug betonen, durch ein Leben im Gebet. Wenn wir all das glauben, was ich hier ausgeführt habe, dann wissen wir auch, dass wir mit Gott sprechen können. Wenn wir erkannt haben, wer er ist, dann werden wir auf jeden Fall mit ihm reden wollen. Wer sich wirklich zu Gott hält, der bleibt mit ihm im Gespräch. Dazu müssen wir uns entschließen. Wir müssen uns ganz klar dafür entscheiden, dass wir uns nicht mehr länger von der Welt beherrschen lassen wollen, sondern dass wir sie selbst beherrschen.

Neben dem Beten steht das Bibellesen. Gott spricht zu uns durch sein Wort. Darum sollten wir die Heilige Schrift lesen und studieren. Danach folgt der Gottesdienst in Gemeinschaft mit anderen. Erst im Heiligtum fand der Psalmist Frieden und Ruhe für seine Seele. Und ähnlich geht es auch uns. Wenn wir uns zu Gott halten wollen, dann müssen wir auch gemeinsam mit anderen beten und sein Wort betrachten. Damit helfen wir einander und tragen einander die Lasten.

Es folgt das Nachsinnen, die Zeit zum Nachdenken. Legen wir die Zeitung einmal zur Seite. Denken wir stattdessen über Gott und unsere Seele und all die Dinge nach, die uns bewegen. Wir reden nicht genug mit uns selbst. Wir müssen uns immer wieder sagen, dass wir in Gottes Gegenwart und dass wir seine Kinder sind, dass Christus für uns gestorben ist und uns mit Gott versöhnt hat. Wir müssen das Nahesein bei Gott üben. Wir müssen seine Gegenwart wahrnehmen, mit ihm sprechen und unsere Tage mit ihm verbringen. Das ist die richtige Methode. Denn sich zu Gott zu halten, bedeutet, ihn zu suchen; nicht Ruhe zu geben, bis wir wissen, dass unsere Sünden vergeben sind, bis wir Gott und seine Liebe erkannt haben, bis wir erfahren haben, dass er zuhört, wenn wir beten.

Und schließlich ist da noch der Gehorsam. Wenn wir ungehorsam sind, brechen wir den Kontakt zu Gott ab. Sünde bedeutet immer, dass wir die Verbindung zu Gott unterbrechen, dass wir uns von ihm entfernen. Deshalb geht es immer wieder darum, Gott zu suchen und ihm zu gehorchen. Und wenn wir sündigen und damit den Kontakt unterbrechen, dann wollen wir ihn sofort wiederherstellen, indem wir unsere Sünde bekennen, weil wir wissen: Das Blut Jesu Christi reinigt uns von aller Ungerechtigkeit.

Gott gebe, dass wir unserer Zukunft mit dem festen Entschluss entgegensehen, uns zu Gott zu halten. *„Mir aber ist die Nähe Gottes köstlich."* Wir wollen ihn kennenlernen und bei ihm bleiben. Wir wollen den Rest unserer Tage im Lichte seines Angesichts verbringen und uns daran freuen, dass wir mit ihm Gemeinschaft haben dürfen.

# Bibelindex

James C. Petty
**Mein Leben - Sein Plan – Gottes Fürung erkennen**
Paperback 288 Seiten
ISBN 978-3-935188-18-0
**€ 12,95**

„Natürlich ist die Bibel für moralische Führung ausreichend, um den Unterschied zwischen Richtig und Falsch zu erkennen. Aber wie hilft sie mir, zu erkennen, ob ich eine bestimmte Arbeitsstelle annehmen soll? Wie hilft sie mir, zu wissen, ob ich die Pläne meiner Freundin unterstützen soll, einen älteren Mann zu heiraten?"
James C. Petty, vermutet, dass viele Christen mit solchen Fragen zu kämpfen haben. Beugt sich der Gott der Bibel tatsächlich zu uns herunter und führt uns speziell und persönlich? Teilt er uns Wegweisung und Informationen mit, die wir sonst nicht hätten? Und wenn er das tut, wie tut er das? Wie komme ich in den Genuss einer solchen Führung?
Dies sind die Fragen, die er in diesem Buch zu beantworten versucht.

J.C. Ryle
**Seid heilig!**
Der Schlüssel zum erfüllten Leben
Paperback 464 Seiten
ISBN 978-3-935188-31-9
**€ 17,90**

Der Autor J.C. Ryle ist schon zu seiner Zeit ( 1816 - 1900 ) zu der tiefen Überzeugung gekommen, dass praktische Heiligkeit und ganze Selbsthingabe an Gott von modernen Christen nicht mehr genügend gelebt werden. Das Thema persönlicher Gottesfurcht ist traurigerweise in den Hintergrund geraten. Der christliche Lebensstil ist auf vielen Gebieten auf einem niedrigen Niveau und die Wichtigkeit, Gottes Lehre durch unsere täglichen Gewohnheiten Ehre zu machen gerät in Vergessenheit.
Weltliche Menschen beklagen sich oft begründet, dass sogenannte "religiöse" Leute nicht so liebenswürdig und selbstlos und gutgelaunt sind wie andere, die kein Glaubensbekenntnis von sich geben. Gesunde protestantische und evangelikale Lehre ist nutzlos, wenn sie nicht von einem heiligen Leben begleitet ist. Sie ist mehr als nutzlos. Sie bewirkt Schaden . Sie wird von eifrigen und beobachtenden Weltmenschen als eine unrealistische und hohle Sache verachtet und bringt den Glauben in Misskredit.
Um diesem Trend entgegenzuwirken, ist eine Richtungsänderung durch eine völlige Wiederbelebung der biblischen Heiligkeit nötig.

D. Martyn Lloyd-Jones
**Kennzeichen eines Christen**
Band 1 - Als Christ erkennbar leben
(1. Johannes, Kapitel 1-3)
Geb., 490 Seiten
ISBN 978-3-935188-51-7
**€ 14,30**

In der Reihe "Leben als Christ" ist dies der erste Band von zwei inspirierenden Büchern, die ihre Grundlage im 1. Johannesbrief finden – geschrieben von einem der bedeutendsten christlichen Autoren, D. Martyn Lloyd-Jones. Als Christen des 21. Jahrhunderts betrachten wir unser Leben oft durch eine rosarote Brille. Der erste Johannesbrief öffnet uns die Augen und zeigt, was echtes geistliches Leben aus Gottes Sicht bedeutet.

Wenn wir als Christen ein verbindliches Leben führen und geistliche Erneuerung erfahren wollen, dann ist es wichtig, die Botschaft dieses Briefes zu verstehen und seine wertvollen Wahrheiten zu erkennen. D. Martyn Lloyd-Jones beantwortet die Fragen, die sich aus der Stellung eines Christen in der Welt ergeben: Was ist für einen Christen in der Welt möglich – und was nicht? Wie können wir uns damit abfinden? Kann man sich in der Welt als Christ behaupten? Was ist unsere Aufgabe in dieser Welt und wie ist unsere Beziehung zu der Welt, in der wir leben?